»Schön wie die Acht« im Unterricht

HANDLUNGSVERLAUF

U.1

Eigentlich läuft Maltes Leben in fest geregelten Bahnen: Zu seiner Familie gehören Mama Anja, Papa Christian und Malte, zu den Bezugspersonen im Matheclub Kolja aus der Zehnten und Herr Zerhusen, zum sonstigen Schulalltag seine Klassenkameraden Mats und Philipp. In den Pausen kreisen die Gespräche um belanglose Dinge, in der Vorbereitung der Matheolympiade lassen sich die einzig wahren Probleme mit Logik lösen und beim Abendbrot fragt Papa ritualisiert, was die Kunst macht. Doch mit Beginn der Erzählung wird zum einen Maltes Familie um seine Halbschwester Josefine, zum anderen der Matheclub um die Gesamtschülerin Lale erweitert und fortan ist für Malte nichts mehr, wie es vorher war.

Bereits beim ersten gemeinsamen Essen in der neuen Viererkonstellation zeichnen sich verschiedene Konflikte ab. Denn obwohl Malte versucht, Verständnis dafür aufzubringen, dass Josefine bei ihnen ist, während sich ihre Mutter Melanie in die Rehaklinik von ihrer Krebserkrankung erholt, gehen ihm sowohl das elterliche Bemühen um Normalität als auch die Mörderblicke und die laute Musik seiner Halbschwester gehörig auf die Nerven. Auch in der Schule zieht Josefine durch ihr Aussehen und ihr Verhalten die Aufmerksamkeit auf sich. Statt über Mathe möchte Maltes Freund Kolja plötzlich über Josefine sprechen und auch seine Klassenkameraden Mats und Philipp wollen mehr über sie wissen. Als wäre das nicht schon genug der Veränderung, sitzt im Matheclub auf einmal Lale neben ihm, die trotz ihrer lapidaren Äußerungen über die Matheolympiade bleibenden Eindruck bei Malte hinterlässt. Zu Hause wird Malte mit schlechter Stimmung, ebenso abfälligen wie vieldeutigen Aussagen von Josefine über Maltes Mutter sowie neugierigen Fragen zu Lale konfrontiert und er wünscht sich nichts sehnlicher als seine Gewohnheiten zurück.

Daraus wird aber auch in den nächsten Tagen und Wochen nichts. Das liegt einerseits an den Konflikten zwischen Josefine und Maltes Eltern, andererseits aber auch an der langsamen Annäherung der Halbgeschwister. Beides hat zur Folge, dass Malte seine vermeintlich heile Familie mit anderen Augen zu sehen beginnt und sich zunehmend fragt, was eigentlich genau vor seiner Zeit passiert ist. Dass Mats und Philipp sich auch einmal außerhalb der Schule mit ihm treffen möchten, kommt ihm dabei gerade recht, führt aber zu einer Vernachlässigung seiner Matheaufgaben und einer entsprechenden Blamage vor Lale im Matheclub.

Auch als Malte nach einer fluchtartig unternommenen Fahrradtour krank wird, findet er keinen Zugang zu seiner einst so geliebten »Kunst«. Nicht zuletzt deshalb erlebt er in der WhatsApp-Kommunikation mit Lale Höhen und Tiefen. Dafür traut er sich nach und nach an Josefines Gedichte, die sie ihm als Stapel auf seinem Bett hinterlassen hat und die ihm neue Perspektiven eröffnen. Um eine weitere Perspektive kennenzulernen, beschließt Malte, Josefine zu einem Krankenbesuch bei ihrer Mutter zu begleiten, und setzt dieses Vorhaben auch gegen den Willen seiner Eltern durch.

Im Gespräch mit Melanie erfährt er, dass sein Vater seine frühere Familie verlassen hat, weil seine Mutter mit ihm schwanger war. Die daraus resultierenden Gefühle von Ungewolltsein, Schuld und Scham spitzen sich im Laufe des nächsten Schultages zu, sodass er Mats und Philipp vor den Kopf stößt, seine Deutschlehrerin abblitzen lässt, Lale anschreit und seine Teilnahme an der Landesrunde aufkündigt. Auf dem Höhepunkt seiner Verzweiflung kann er sich auch seiner Mutter anvertrauen, was zunächst in ein Streitgespräch zwischen den Eltern mündet, schließlich aber zu einer großen Aussprache zu viert in Josefines Zimmer führt. Im Anschluss daran übernachtet Malte bei Josefine und spricht mit ihr über Lale und über ihren Vater. Dabei gesteht ihm Josefine, dass sie selbst jahrelang den Kontakt abgeblockt hat.

Hält Malte zunächst sowohl gegenüber Herrn Zerhusen als auch gegenüber seinen Eltern an seiner Entscheidung bezüglich der Landesrunde fest, findet er durch das gemeinsame Rechnen und Tüfteln mit Kolja doch noch in die logische Welt der Mathematik zurück. Um Lale nicht begegnen zu müssen, bereitet er sich außerhalb des Matheclubs auf den Wettbewerb vor, entschuldigt sich aber in einer Textnachricht bei ihr für sein Verhalten. Zudem bittet er Josefine, ihm beim Schreiben eines Gedichts zu helfen.

Ein Gedicht hinterlässt Josefine auch für Malte, als sie schließlich zu ihrer Mutter zurückkehrt. Dass die Kernfamilie während ihres Aufenthalts zu einer Patchworkfamilie geworden ist, schlägt sich unter anderem in gemeinsamen Urlaubsplänen nieder. Gleichzeitig fiebert Malte der Fahrt zur Landesrunde entgegen. Am Bahnhof trifft er Lale wieder und kann sich im Zug mit ihr versöhnen. Dabei gibt er ihr das Gedicht »Schön wie die Acht«, mit dem der Roman endet.

Zentrales Problem der Handlung sind also die Veränderungen in Maltes Leben, die sowohl sein Familien- als auch sein Schulleben betreffen und seine Glaubenssätze infrage stellen. Davon ausgehend überlagern und überschlagen sich die Ereignisse, laufen in seiner Krankheit zusammen und spitzen sich nach dem Besuch bei Josefines Mutter zu. Die darauf folgende positive Auflösung manifestiert sich in der gestärkten Geschwister- und Familienbeziehung ebenso wie in der Annäherung an Lale.

DIDAKTISCHES PROFIL DES ROMANS

Wie jeder andere Unterricht muss auch der Literaturunterricht einerseits an die Lernvoraussetzungen der Schüler:innen anknüpfen, andererseits auch zur Weiterentwicklung ihrer Kompetenzen beitragen. Das didaktische Potenzial des Jugendromans als Unterrichtslektüre liegt damit in der Verknüpfung von vertrauten, assimilativen Aspekten, die Wiedererkennungseffekte bieten und damit zur Identifikation einladen, sowie neuen, akkommodativen Aspekten, die Alteritätserfahrungen ermöglichen und den eigenen Horizont erweitern. Der Schritt von der Assimilation zur Akkommodation kann auf verschiedenen Ebenen des Textes erfolgen und ist abhängig von individuellen Vorerfahrungen der Schüler:innen.

Leseverstehen und literarisches Lernen gehen dabei wechselseitig miteinander einher, denn je leichter das Lesen fällt, desto besser gelingt ein nicht nur sinnentnehmendes, sondern auch sinnverbindendes Lesen, und je besser das Eintauchen in die Geschichte gelingt, desto leichter fällt es, Lesehürden zu überwinden. Je nach Lese- und Literaturerfahrung bietet der Roman unterschiedlich komplexe Anknüpfungspunkte, was auch in heterogenen Lerngruppen ein gemeinsames Lernen mit dem Text ermöglicht. Die Dimensionen des Textverstehens werden in der folgenden Tabelle exemplarisch auf zwei Komplexitätsstufen veranschaulicht:

Anknüpfungsebenen	**Anknüpfungspunkte für das literarische Lernen unter Berücksichtigung individueller Vorerfahrungen**	
Wirklichkeitsbezug	▸ Die realistische Fiktion mit alltäglichen Schauplätzen wie Zuhause und Schule	▸ Die Semantisierung der alltäglichen Schauplätze, die für Malte nicht mehr sichere, gewohnte, sondern von gravierenden Änderungen betroffene Orte sind
Themen und Motive	▸ (Patchwork-)Familie ▸ Freundschaftsbeziehungen ▸ Identitätsentwicklung ▸ Verliebtheit ▸ Krankheit	Kausalzusammenhänge zwischen ▸ Maltes veränderter Familiensituation, ▸ seiner ersten Verliebtheit, ▸ seiner Identitäts- und Mathematikkrise ▸ seiner Verschiebung von Prioritäten

Anknüpfungs-ebenen	Anknüpfungspunkte für das literarische Lernen unter Berücksichtigung individueller Vorerfahrungen	
Figuren	Die Konstellationen, in denen sich Malte bewegt, z. B. ▶ in der Kernfamilie, ▶ in der Patchworkfamilie, ▶ im Matheclub, ▶ in der Klasse	Die Entwicklung, die Malte in den unterschiedlichen Konstellationen durchläuft, z. B. ▶ vom unfreiwilligen Halbbruder zum ›richtigen‹ Bruder, ▶ vom behüteten zum eigenmächtig agierenden Kind, ▶ vom Klassenkameraden zum Freund, ▶ vom Mathefreak zum Gedichteschreiber
Erzähltechnik	▶ Ich-Perspektive von Malte, die durch Dialoge, Chatkommunikation, Gedichte um andere Perspektiven erweitert wird	Funktion der unterschiedlichen Erzählmodi, z. B. ▶ Fokussierung von Maltes Gedanken und Gefühlen durch die Ich-Perspektive, ▶ Darstellung der Dynamik und Beziehung zwischen Figuren in Dialogen und Chatkommunikation, ▶ Einbindung des Innenlebens von Josefine durch Gedichte
	▶ Chronologisches Erzählen mit Rückblenden	▶ Funktion der Rückblenden einerseits zur Kontrastierung der heilen Welt von früher und der chaotischen Welt von heute, andererseits zur Entlarvung der elterlichen Lüge
Sprache und Stilmittel	▶ Verwendung bildhafter Formulierungen wie »Mörderblick«	▶ Funktion der bildhaften Formulierungen für Malte, z. B. um seine diffusen Eindrücke greifbar zu machen
	▶ Intertextuelle Bezugnahme auf Gedichte von Rose Ausländer, Klaus Kordon und Novalis	▶ Die individuelle Bedeutung der Gedichte für Maltes Leben, z. B. die Konfrontation mit dem Unlogischen bei Ausländer, die Auseinandersetzung mit Kategorisierungen bei Kordon und die Kontrastierung von Zahlen und Dichtung bei Novalis

Die Übersicht verdeutlicht die unterschiedlichen Verstehensdimensionen, die der Roman eröffnet und die in der didaktischen Arbeit sowohl nebeneinanderstehen als auch aufeinander aufbauend entwickelt werden können. Besonders geeignet ist »Schön wie die Acht« für die Klassenstufen 6 bis 8. Die Stärke des Romans als Unterrichtslektüre liegt inhaltlich in der Themenvielfalt, die unterschiedliche Interessen der Schüler:innen abdeckt, sowie in der Kontrastierung der Figuren Malte und Josefine, die Möglichkeiten zur Identifikations- und zur Alteritätserfahrung bieten. Erzählerisch überzeugt der Roman durch die Verbindung unterschiedlicher Erzählmodi, durch die die Ich-Erzählung immer wieder erweitert und teilweise durchbrochen wird. Sprachlich und stilistisch interessant sind die bildhafte Ausdrucksweise sowohl in Maltes Alltagsbeobachtungen als auch in Josefines Gedichten, die Intertextualitätsbezüge zu ganz unterschiedlichen lyrischen Texten sowie die Mehrfachcodierung von Mathematik und Zahlen.

LITERARISCHES PROFIL DES ROMANS

Themen und Motive

Zentrales Thema des Romans »Schön wie die Acht« ist *Familie*. Den Ausgangspunkt bildet dabei die *Kernfamilie* von Malte, die sich durch den vorübergehenden Einzug von Maltes Halbschwester Josefine grundlegend verändert. Diese Veränderung wird bereits beim ersten gemeinsamen Abendessen offensichtlich (S. 6–10) und dominiert in Form diverser Konflikte bald das gesamte Familienleben (S. 27f., 51f., 74f.). Das liegt vor allem daran, dass Josefine ihre eigene Geschichte mit in die Familie bringt und diese der Geschichte, die Maltes Eltern ihm über ihre Vergangenheit erzählt haben, grundlegend widerspricht. Ist Malte zunächst empört darüber, dass Josefine seine Mutter »Bitch« (S. 29) nennt oder ihr vorhält, es mit der Wahrheit nicht so zu haben (S. 76), differenziert sich sein Blick durch Josefines Gedichte (S. 85, 102, 177) und Erzählungen (S. 113) weiter aus (S. 81). Da er in der direkten Konfrontation mit seinen Eltern (S. 104f.) keine Antworten auf die Frage nach dem Warum (S. 106) bekommt und seine Suche nach Beweisen (S. 120) erfolglos bleibt, erweitert er eigenständig und gegen den Willen seiner Eltern seinen Kreis an Ansprechpartnern um Josefines Mutter Melanie (S. 149–152). Nach und nach kann er sich erschließen, dass die Behauptung seiner Mutter, »das Mädchen und seine Mutter« seien vor ihrer Zeit gewesen (S. 7, 29, 36, 88, 105), so nicht stimmt, sondern dass sein Vater Melanie und Josefine verlassen hat, weil seine Mutter mit ihm schwanger war. Der daraus hervorgehende Gedanke, der »Übeltäter« zu sein (S. 152), der nie hätte geboren werden sollen (S. 156), markiert einen Tiefpunkt in Maltes familiärem Selbstverständnis und gleichzeitig einen Wendepunkt im familiären Zusammenleben. Denn erst als seine Eltern ihm nichts mehr verschweigen und vormachen können, gelingt eine große Aussprache zu viert und dadurch eine Versöhnung der einzelnen Familienmitglieder miteinander sowie mit der gemeinsamen Vergangenheit. Das ebnet allen Beteiligten den Weg für eine Anerkennung und Ausgestaltung der *Patchworkfamilie*, in der Josefine und ihr Vater zusammen Sushi essen (S. 203f.), Josefine und Maltes Mutter shoppen gehen (S. 218), Malte und Melanie Textnachrichten austauschen (S. 219) und in den Plänen für die Sommerferien auch Josefine und Melanie vorkommen (S. 233). Mit dem Thema Familie sind also Motive[1] wie *verbotene Liebe*, *ungewollte Schwangerschaft*, *Schuld* und *Neuanfang* verbunden.

Ein weiteres wichtiges Thema ist *Freundschaft*. Ähnlich wie beim Thema *Familie* ist die Welt für Malte zu Beginn klar eingeteilt: Seine Klassenkameraden Mats und Philipp sind nicht seine Freunde (S. 20), sondern seine Gesprächspartner für die Pausen (S. 21) und Kolja aus der Zehnten verbringt seine Pausen mit anderen Zehntklässlern, ist aber schon allein wegen der gemeinsamen Begeisterung für »Mathesachen« sein Freund (S. 21). Diese Ordnung wird ab Josefines erstem Schultag insofern gestört, als Kolja sich entgegen der gemeinsamen Gewohnheiten plötzlich auf dem Pausenhof zu Malte gesellt (S. 22f., 46), ihn über das Festnetz statt über das Handy kontaktiert (S. 33f., 92, 98) und damit bei Malte den Eindruck hinterlässt, ihre Freundschaft als Vorwand zu nutzen, um Josefine näherzukommen (S. 37, 47, 119). Die Kränkung darüber ist ein wiederkehrendes Element in Maltes Gedanken und entlädt sich, als Kolja Malte zum Mathelernen aktivieren möchte (S. 200–202). Durch Koljas explizite Bestätigung der Freundschaft (S. 202) gewinnt Malte nicht nur sein Vertrauen zurück, sondern auch den Eindruck, sie seien nun »bessere Freunde als je zuvor« (S. 205). Gleichzeitig erweitert sich sein Begriff von Freundschaft auch im Umgang mit Mats und Philipp. Die wiederholte Beteuerung, dass sie keine Freunde sind (S. 20f., 64), relativiert er selbst nach der ersten Nachmittagsverabredung nur bedingt, wenn er sie als »so was wie Freunde. Zumindest für heute« (S. 66) betrachtet. Als er krank ist, scheint er sich vor sich selbst dafür zu rechtfertigen, dass er bei WhatsApp eine Gruppe einrichtet, in der sie zu dritt schreiben können (S. 99). Und obwohl er sie immer wieder vor den Kopf stößt (S. 67, 160), beschäftigt es ihn doch, wenn sie ohne ihn etwas unternehmen (S. 68, 137, 159f.). Erst nachdem in seiner Familie der Knoten geplatzt ist, ergreift Malte auch im Umgang mit Mats und Philipp die Initiative (S. 190, 211) und verschiebt seine Prioritäten (S. 209), bis er schließlich doch »mit ziemlicher Sicherheit sagen kann, wir sind Freunde« (S. 217). Motive wie *Eifersucht* und *Zweifel* sind demnach Teil der Thematisierung von Freundschaft.

Mit dem Thema *Freundschaft* verbunden, aber nicht nur auf dieses bezogen, ist das Thema *Mathematik*. Die Lösung mathematischer Aufgaben ist bereits seit dem Kitaalter Maltes »Kunst« (S. 11) und wesentlicher Bestandteil seines Lebens und der Außenwirkung als »Mathekopf« (S. 136, 166) und »Zahlen-

1 Motiv definiert als kleinste semantische Einheit im Vergleich zum Thema als übergeordnete Grundidee

junge« (S. 160). Entsprechend wichtig ist ihm die Teilnahme an der Landesrunde der Matheolympiade (S. 8), die im Roman einen konstanten Bezugsrahmen bildet. Dass Josefine seine Konzentration auf Mathematik zuerst durch ihre Musik stört (S. 12) und dann belächelt (S. 14), verdeutlicht schon am ersten Abend den Einschnitt, den die Anwesenheit seiner Halbschwester für Maltes heile (Zahlen-)Welt bedeutet. Obwohl Malte krampfhaft versucht, an seiner Lieblingsdisziplin und seinem Ziel der Matheolympiade festzuhalten (S. 32, 68, 137, 159), scheitert er immer wieder an äußeren Umständen und inneren Blockaden. So sind es zunächst die lautstarken Konflikte zwischen Josefine und seinen Eltern, die Malte einerseits direkt von seinen Aufgaben ablenken (S. 51, 60), andererseits aber auch indirekt, weil er wegen dieser Konflikte das gemeinsame Zocken bei Philipp dem Üben zu Hause vorzieht (S. 64). Die daraus resultierenden Blamagen vor Herrn Zerhusen (S. 70, 166) und vor Lale (S. 71–73, 167) beeinträchtigen wiederum sein Selbstbewusstsein und führen zu neuen Blockaden (S. 107, 138) sowie dem Gefühl, seine mathematischen Fähigkeiten verloren zu haben (S. 184). Damit einher geht der verzweifelte Wunsch, zu Zahlen und Logik zurückzufinden (S. 87), die nostalgische Erinnerung an die Zeit der Sicherheit (S. 101), die Beobachtung, dass der Mathe-Malte von anderen Maltes verdrängt wird (S. 101 f.), und die Erkenntnis, dass Mathe nicht alles ist (S. 209). In der Feststellung, Mathe sogar noch lieber zu mögen als zuvor (S. 205), manifestiert sich schließlich die Entwicklung, die Malte auch im Umgang mit seiner »Kunst« durchlaufen hat.

An das Thema *Mathematik* wird zudem das Thema *Verliebtheit* gekoppelt. Denn obwohl Malte darauf besteht, dass Lale nur seine Lernpartnerin bis zur Landesrunde (S. 32), seine »Mathekollegin« (S. 59) und zugleich seine Konkurrentin (S. 37) ist, gerät bereits bei der ersten Begegnung etwas in seinem Kopf durcheinander (S. 25). So sehr es ihn ärgert, dass Lale sich nur nebenbei für die Landesrunde qualifiziert hat (S. 25), ihm immer einen Schritt voraus zu sein scheint (S. 70, 167) und ihm seine Privilegien bei Herrn Zerhusen streitig macht (S. 71, S. 136), so wenig kann er sich der Gedanken an Lale (S. 49 f., 80, 99, 197) und der körperlichen Verliebtheitssymptome (S. 25, 73, 235, 237) erwehren. Das fällt zuallererst Josefine auf, die Malte zwar vor seinen Eltern damit aufzieht (S. 32, 196), ihm letztlich aber immer wieder Tipps für den Umgang mit Lale (S. 59, 123, 213) gibt, damit für ihn zur einzigen Ansprechpartnerin in Lale-Fragen wird (S. 122, 124, 183, 220) und sich sogar in die Kommunikation mit Lale einklinkt, als sie merkt, dass ihr kleiner Bruder damit überfordert ist (S. 214). Die Idee, seine Gefühle für Lale in Form eines Gedichtes zum Ausdruck zu bringen, entwickelt Malte schließlich selbst (S. 220), und obwohl Josefine ihm ihre Hilfe beim Schreiben verweigert (S. 221), spiegelt sich darin auch die Bedeutung wider, die sie für ihren Bruder selbst in Liebesdingen gewonnen hat. Das ist auch deswegen bemerkenswert, weil Josefines eigene Erfahrungen eher negativ behaftet sind (S. 141, 162). Neben Maltes Verliebtheit und der Andeutung von Josefines gescheiterten Liebesversuchen fallen auch Koljas Schwärmereien für Josefine (s. Thema *Freundschaft*) und später für Henriette (S. 211, 217) in diesen Themenbereich. Zudem bietet auch die Verliebtheit von Maltes Eltern immer wieder Gesprächsstoff (S. 115, 181).

Ein weiteres Thema ist *Krankheit*. Darunter fallen zum einen die Krebserkrankung von Josefines Mutter, die Ursache der neuen Familienkonstellation ist (S. 6), die Josefine so beschäftigt, dass sie wiederholt die Schule schwänzt (S. 47, 125), und die sie in ihren Gedichten verarbeitet (S. 103). Zum anderen nimmt Maltes Krankheit von ersten Symptomen (S. 87) über die Diagnose (S. 101) bis hin zur Genesung (S. 138) relativ viel Raum ein und beschert ihm neben einem Fiebertraum (S. 89–91) und einer »uralten Mamarigkeit« (S. 94) eine Zwangspause von Schulalltag und Matheclub, die ihn umso mehr auf die Familie zurückwirft.

Erzählstruktur

Die Geschichte wird aus der *Ich-Perspektive* des 12-jährigen Malte erzählt, sodass seine Gedanken und Gefühle im Fokus stehen. Dialoge, WhatsApp-Chats und Josefines Gedichte gewähren zudem Einblicke in die Sichtweisen anderer Figuren und in ihre Interaktion untereinander.

Die *erzählte Zeit* erstreckt sich über etwas mehr als fünf Wochen (S. 113) von Josefines Ankunft (S. 5) in der Familie bis zur Landesrunde der Matheolympiade (S. 235). Dabei unterstreichen zuerst »Februargrau« (S. 43, 79) und dann »frühlingshafte« Sonne (S. 216) die Stimmung von Malte. Das Geschehen wird im Präsens dargestellt, was den Eindruck von Unmittelbarkeit erzeugt. Dieser wird dadurch verstärkt, dass bis auf wenige *Zeitraffungen* (»In den nächsten Tagen« [S. 198] / »in der nächsten Zeit« [S. 216]) Tag für Tag von den Entwicklungen in Maltes Leben erzählt wird. Zeitsprünge treten in Form von *Rückblenden* zutage und umfassen Maltes Erinnerungen (S. 11, 37, 38, 78, 101, 134, 223) sowie die Vergangenheitsdarstellungen von Melanie (S. 149 f.) und Maltes Eltern (S. 115, 180 f.).

Maltes Zuhause und die Schule sind die zentralen *Schauplätze* des Romans. Sie sind insofern semantisch aufgeladen, als sie durch die Veränderungen von sicheren zu unsicheren Räumen werden. Das zeigt sich z. B. darin, dass Malte lieber zu Philipp als nach Hause geht (S. 64), dass er durch eine Fahrradtour den familiären Konflikten entflieht (S. 79), dass er Josefine lieber zu ihrer Mutter in die Rehaklinik begleitet, als einen gemütlichen Tag mit seinen Eltern zu verbringen (S. 139), dass er die Schule fluchtartig verlässt, um Lale nicht zu begegnen (S. 211 f.), und dass er sogar in Erwägung zieht zu schwänzen (S. 187–189). Dadurch erweitert er seinen Radius um Orte, die z. T. ebenfalls bedeutungstragend sind. So stehen das Waldcafé und der dazugehörige Spielplatz für Orte der Kindheit, die Malte plötzlich in anderem Licht sieht.

Das erzählte Geschehen umfasst *21 Kapitel*, die mit Zahlen überschrieben sind. Vorangestellt wird eine Liebeserklärung an die Acht, deren Urheberschaft unklar bleibt (S. 5) und die rückblickend sowohl Malte als auch der Autorin zugeordnet werden kann (→ **i.2**).

Intertextualität

Der Roman weist *intertextuelle Bezüge* zu drei Gedichten auf, mit denen Malte im Deutschunterricht konfrontiert wird und die gleichzeitig mit seinen eigenen Konflikten verwoben sind. Entwirft Rose Ausländers »Zirkuskind« (S. 41) eine Welt der fantastischen Bilder, die Malte intuitiv ablehnt und erst nach und nach für sich entdecken kann, gestaltet Klaus Kordons »Einfach alles« (S. 56) auf dynamische Weise Ambivalenzen des Lebens aus, die sich jeglicher Logik und damit zunächst auch Maltes Zugriff entziehen. Mit Novalis' »Wenn nicht mehr Zahlen und Figuren« (S. 160 f.) fordert die Deutschlehrerin Malte explizit zur Positionierung heraus und trifft mit Wahrheiten jenseits von Zahlen und Figuren einen wunden Punkt.

Darüber hinaus verweist Malte bei seinem Waldausflug auf »Hänsel und Gretel« und insbesondere darauf, dass er ohne Schwester unterwegs ist (S. 82).

Spannungsbogen

Die *Spannung* im Roman geht mit der inneren Spannung von Malte einher, die sich mit jeder weiteren Veränderung seines Lebens oder seiner Perspektive weiter aufbaut. Was mit dem Eintritt von Josefine und Lale in sein Leben beginnt, weitet sich zu einer Krise aus, die sowohl sein Selbstbild als Sohn als auch sein Selbstbild als Mathekopf in den Grundfesten erschüttert. Einen Höhepunkt erreicht der Spannungsbogen im Matheclub nach dem Besuch bei Melanie, als zum Gefühl von Ungewolltsein das Gefühl von Unzulänglichkeit kommt (S. 167). Maltes Ausraster bildet damit einen Höhe- und Wendepunkt, der zur Folge hat, dass er sich öffnet (S. 170) und die neuen Normalitäten annimmt (S. 216).

Sprache und Stil(-mittel)

Die Prosa des Romans zeichnet sich durch Maltes direkte und gleichzeitig bildreiche Sprache aus, die seinen Blick auf die Welt detailgenau wiedergibt: »Sie beißt rein wie in einen Apfel, schlürft Saft und Glibber aus dem Inneren und steht mit dem Rest in der Hand vom Tisch auf. Noch ein Mörderblick in die Runde.« (S. 8). Dabei wechseln hypotaktische Sätze, in denen er Gedankengänge ausführt und Eindrücke schildert, und elliptische, parataktische Sätze, in denen er Erkenntnisse zusammenfasst und Schlussfolgerungen zieht. Sätze, die mit »Weil, …« beginnen (S. 7, 12, 21, 25, 28, 32, 123, 149, 209), gehören ebenso selbstverständlich zu seinem Sprachgebrauch wie mathematische Wendungen, die stilistisch und semantisch unterschiedliche Funktionen erfüllen, z. B.:

- Distanzierung durch Pleonasmus: »sie ist auch nicht meine Schwester, sondern meine Halbschwester, das ist ein Unterschied im Verwandtschaftsgrad von hundert Prozent.« (S. 7)
- Charakterisierung durch Neologismus: »Ich meine, Papa hat echt was auf dem Kasten, und auch, wenn er kein Mathemensch ist, kann er logisch denken. Aber in dem Punkt setzt irgendwas bei ihm aus.« (S. 17)
- Kontrastierung durch Personifikation: »Die Zahlen kommen ja zum Glück ohne dieses ganze Gerede aus. Die Zahlen brauchen nur sich selbst.« (S. 26)
- Selbstverortung durch Vergleich: »Denn Gewohnheiten mag ich. Gewohnheiten sind wie Mathematik. Beide funktionieren immer, immer gleich.« (S. 38)

Darüber hinaus wird durch den Abgleich früherer und aktueller Situationen die bislang selbstverständliche Bedeutung von Zahlen und Mathematik für Malte zum Ausdruck gebracht und durch Partikel wie »einfach«, »so« und »natürlich« verstärkt:

- »Man kann vielleicht die Regeln und Axiome lernen, aber man kann einfach nicht so tun, als gäbe es kein Pi, keine Wurzel aus Zwei und keine Unendlichkeit. So sehr man es sich auch wünscht.« (S. 62)

- »Früher, da hatte ich das nicht. Dass mir andere gefehlt haben. Aber da hatte ich natürlich die Zahlen.« (S. 134)

Neben Maltes Sprache ist auch die Sprache von Josefine durch Bilder geprägt, die sich in ihren Gedichten sowie in der Metapher von Maltes »Renovierung seiner selbst« (S. 214) niederschlagen.

DEUTUNGSPERSPEKTIVEN (u.4)

Der Roman »Schön wie die Acht« eröffnet ausgehend von den unfreiwillig aufeinandertreffenden Halbgeschwistern Malte und Josefine verschiedene Deutungsperspektiven. Übergreifende Klammer ist der Umgang mit Veränderungen. Malte versucht zunächst, die plötzlich über ihn hereinbrechenden Veränderungen in seine eigene Weltordnung zu integrieren und bewährte Strategien für ihre Bewältigung zu nutzen. Dabei muss er erkennen, dass sich nicht alles im Leben logisch herleiten und erschließen lässt, dass Wandel neue Gewohnheiten hervorbringen kann und dass Leben dann gut ist, wenn man sich vom Anspruch auf Perfektion löst. Veränderung wird für ihn damit von der abgelehnten Überforderung zu einer angenommenen Herausforderung, vom Ausnahmezustand zum Normalzustand. Damit einher geht eine Erweiterung seines Familien- und Freundeskreises und eine Offenheit für nicht-mathematische, lyrische Ausdrucksformen. Sinnbildlich für diese Entwicklung sind die »Traumbälle« aus Rose Ausländers Gedicht »Zirkuskind«. Während Malte zunächst für sich negiert, Traumbälle auffangen zu können (S. 43), akzeptiert er sie schließlich als Überraschungen des Lebens (S. 219). An Maltes Entwicklung zeigt sich also die Notwendigkeit, mit seinen – nicht nur mathematischen – Aufgaben zu wachsen und den Unwägbarkeiten des Lebens auch eine positive Seite abzugewinnen.

Im Gegensatz dazu hat Josefine bereits in früher Kindheit einschneidende Veränderungen erfahren und sich sowohl gegen ihren Vater als auch gegen die Welt verhärtet, um sich vor weiteren Verletzungen zu schützen. Dementsprechend reagiert sie auch auf ihre neue Lebenssituation mit einer provokativen Anti-Haltung gegenüber Eltern, Lehrkräften und Mitschüler:innen. Erst in ihrer Rolle als große Schwester gelingt es ihr, sich zu öffnen und die Wunden der Vergangenheit aufzuarbeiten. Sinnbildlich dafür stehen ihre Piercings, die auf den ersten Blick ihren inneren Protest unterstreichen, die sich letztlich aber als ihre Strategie erweisen, sich an wichtige Personen zu erinnern (S. 226).

Aus Josefines Entwicklung lässt sich demnach schlussfolgern, dass ein Schutzpanzer in manchen Situationen zwar notwendig sein kann, dass sich die darunter versteckten Verletzungen aber nur heilen lassen, wenn man offen damit umgeht und andere Perspektiven einbezieht.

METHODENKISTE (u.5)

Die folgende »Methodenkiste« bietet Ansatzpunkte für die Planung einer Unterrichtseinheit zum Roman »Schön wie die Acht«. Darin wird aufgezeigt, wie Kompetenzziele des Deutschunterrichts in der Arbeit mit dem Roman erreicht werden können. Die Grundlage bilden die von der Kultusministerkonferenz (KMK) verabschiedeten »Bildungsstandards für das Fach Deutsch für den Mittleren Bildungsabschluss«, die verbindlicher Bezugsrahmen für die Entwicklung von Lehr- und Bildungsplänen aller Länder in der Sekundarstufe I sind. Sie werden in der linken Spalte zitiert. Die mittlere Spalte enthält methodische Vorschläge, die in der rechten Spalte durch Beispiele konkretisiert werden. Hier finden sich auch Verweise zu den Kopiervorlagen und Infoblättern in diesem Heft. Viele der aufgezeigten Möglichkeiten sind für Bildungsstandards anderer Bereiche des Deutschunterrichts anschlussfähig. Der Übersichtlichkeit halber wird aber jeweils nur ein Bildungsstandard des Bereiches 3.3 (»Lesen – mit Texten und Medien umgehen«) angeführt.

Bildungsstandards	Methoden	Beispiele
→ Verschiedene Lesetechniken beherrschen		
• Über grundlegende Lesefertigkeiten verfügen: flüssig, sinnbezogen, überfliegend, selektiv, navigierend lesen	• Ein Kapitel bzw. eine besonders wichtige oder spannende Stelle (vor)lesen • Die Auswahl einer individuell bedeutsamen Textstelle begründen	• Maltes Eskalation im Matheclub als zentrale Szene, in der sich all seine Gefühle entladen • Nach jedem Abschnitt möglich
	• Ein Kapitel oder einen Textausschnitt mit verteilten Rollen oder gestaltend vorlesen und aufnehmen	• Dialoge in der Familie und mit Freunden • Chatkommunikation • Streit zwischen Christian, Josefine und Malte → **k.5** • Gespräch zwischen Malte und Lale im Zug → **k.13**
	• Bestimmte Textinhalte auffinden und ein den Text erschließendes Unterrichtsgespräch anhand von Leitfragen führen	→ **k.2–k.13**
→ Strategien zum Leseverstehen kennen und anwenden		
• Leseerwartungen und erfahrungen bewusst nutzen	• Cluster oder Mindmap erstellen; damit einhergehend eine Leseerwartung aufbauen, Vorwissen aktivieren; ein Lesemotiv formulieren	• Assoziationen zum Titel und Ideen für die Geschichte → **k.2** • Maltes Gedanken während der Radtour → **k.6** • Maltes Durcheinander im Kopf → **k.7**
	• Bezüge zur eigenen Lebenswirklichkeit herstellen	• Eigene Lieblingszahl → **k.2** • Gemeinsamkeiten mit Malte → **k.3** • Eigene Assoziationen zu Lego im Vergleich zu denen von Malte → **k.4** • Eigene Fähigkeit, Traumbälle aufzufangen → **k.5** • Eigene Assoziationen zu »uralte Mamarigkeit« → **k.7** • Eigene Positionierung zur Bedeutung von Gründen für Fehltritte → **k.8** • Eigene Checkliste zu einer »coolen Mutter« → **k.9** • Eigene erinnerungswürdige Tage → **k.10**
• Textschemata erfassen, z. B. Textsorte, Aufbau des Textes	• Die Erzählkonstruktion analysieren	• Informationsvergabe durch Erzählerrede, Dialog, Chatkommunikation • Erzählerische Bedeutung der Gedichte im Text → **k.6, k.8**
• Verfahren zur Textstrukturierung kennen und selbstständig anwenden	• Wesentliche Textstellen kennzeichnen	• Vielfältige Bezugnahmen auf mathematische Zusammenhänge als wiederkehrendes Element • Maltes Verliebtheitssymptome → **k.8**
	• Den Text gliedern	• Nach Wochentagen • Nach Sinnabschnitten wie Veränderungen in Maltes Leben, Krankheit, Eskalation, Entwicklung neuer Normalitäten
	• Kapitelüberschriften formulieren, austauschen und diskutieren	• Zahlen als Kapitelüberschriften durch Worte ersetzen und damit Maltes Entwicklung von Zahlen zu Worten folgen
	• Fragen aus dem Text ableiten	• Fragen »zum Weiterdenken« aufgreifen und ergänzen
	• Bezüge zwischen Textteilen herstellen	• Einschätzung der Beziehung zu Mats und Philipp vergleichen → **k.6** • Entwicklung der Freundschaft zwischen Malte und Kolja → **k.11** • Veränderung der Bezugnahmen auf Mathe und Gedichte → **k.6**

Bildungsstandards	Methoden	Beispiele
• Verfahren zur Textaufnahme kennen und nutzen	• Texte und Textabschnitte zusammenfassen	• Aussehen von Josefine → k.3 • Maltes Probleme mit der neuen Situation → k.3 • Maltes Gedankenfetzen → k.4 • Maltes lebensverändernde Ereignisse → k.5 • Maltes Einstellung zu Freundschaft → k.6 • Maltes Verliebtheitssymptome → k.8 • Maltes Erkenntnisse nach der Aussprache → k.10 • Maltes Vorstellung des Restaurantbesuchs → k.11 • Maltes neue Normalität → k.12
	• Eine Inhaltsangabe auch mithilfe von Satzstreifen oder anderen Hilfsmitteln erstellen	• Zuordnung von Gedankenfetzen zu Erlebnissen → k.4 • Zuordnung von Erlebnissen zu einer zentralen Aussage → k.5
	• Eine wichtige Textstelle visualisieren	• Bilder in Rose Ausländers Gedicht → k.5 • Maltes Herzgaul → k.8 • Sich selber in eine Szene zeichnen → k.10
	• Fragen zum Text stellen und beantworten	→ k.2–k.13
	• Einen Lückentext bearbeiten	• Adjektive in die Waldcafé-Szene einsetzen • Substantive in den Gedichten einsetzen
	• Stichwörter formulieren und damit ein Kapitel nacherzählen	• Zwischen Lektüre und Erarbeitung das Leseverstehen im Klassengespräch sichern • Stichwörter zu den Kapiteln am roten Faden aufhängen
→ Literarische Texte verstehen und nutzen		
• Ein Spektrum altersangemessener Werke – auch Jugendliteratur – bedeutender Autorinnen und Autoren kennen	• Leben und Werk der Autorin kennenlernen	• Interview mit der Autorin lesen → i.1, i.2 • Webseite von Nikola Huppertz besuchen
	• Thematisch verwandte Jugendromane kennenlernen	→ i.6 • www.beltz.de/lehrer
• Zentrale Inhalte erschließen	• Themen und Motive des Buchs herausarbeiten	• Themen und Motive → u.3
• Wesentliche Elemente eines Textes erfassen, z. B. Figuren, Raum- und Zeitdarstellung, Konfliktverlauf	• Den zeitlichen Verlauf des Buchs erarbeiten und darstellen	• Erzählstruktur → u.3
	• Eine Figurenkonstellation / ein Soziogramm erarbeiten	• Figurenkonstellation → i.4
	• Die Beziehung zwischen Figuren herausarbeiten	• Figurenkonstellation → i.4 • Veränderung der Beziehungen nach Wahl der Schüler:innen
	• Figuren charakterisieren; relevante Textstellen mithilfe der Kapitelübersicht auffinden	→ i.4
	• Handlungsräume analysieren, auch hinsichtlich der Symbolik	• Veränderung der Bedeutung von Zuhause und Schule beleuchten • Bedeutung des Waldcafés früher und heute vergleichen
	• Ein Thema bzw. Motiv über Kapitel oder Buch hinweg verfolgen	• Freundschaft • Verliebtheit • Mathematik • Gedichte
	• Den Konfliktverlauf zwischen Figuren grafisch bzw. verbal darstellen	• Konfliktverlauf zwischen Josefine und ihrem Vater mithilfe von Dialogen, Josefines Gedichten und Erzählungen ermitteln

Bildungsstandards	Methoden	Beispiele
• Wesentliche Fachbegriffe zur Erschließung von Literatur kennen und anwenden	• Die Erzählperspektive wechseln: eine Textstelle aus anderer Perspektive erzählen	• Außenperspektive statt Ich-Perspektive
	• Äußere und innere Handlung unterscheiden	• Entwicklungen von Maltes Innenwelt mit Entwicklungen in Maltes Außenwelt zueinander in Beziehung setzen
	• Leerstellen des Buchs füllen	• Gedanken und Gefühle anderer Figuren → **k.3, k.12** • Bedeutungstragende Elemente wie Lego → **k.4** • Maltes Traum → **k.7** • Josefines Warnung und Maltes Mumm → **k.7** • Bedeutung der Bilder für die Geschichte → **k.9** • Bedeutung der Gedichte von Josefine für sich genommen und für die Geschichte → **k.6, k.8** • Aussagen von Nikola Huppertz im Vergleich zu eigenen Deutungsansätzen → **i.2, k.9**
	• Den Spannungsverlauf untersuchen / eine Spannungskurve erstellen	• Aufbau von innerer Spannung durch verschiedene Veränderungen am ersten Schultag von Josefine • Aufbau von innerer Spannung ab dem Besuch bei Melanie bis zur Eskalation im Matheclub
	• Einen inneren Monolog einer Figur verfassen	• Gefühle und Gedanken von Josefine → **k.3** • Gefühle und Gedanken von Lale in der Chatkommunikation sowie in der direkten Konfrontation mit Malte
• Sprachliche Gestaltungsmittel in ihren Wirkungszusammenhängen und in ihrer historischen Bedingtheit erkennen, z.B. Wort-, Satz- und Gedankenfiguren, Bildsprache (Metaphern)	• Sprachliche Bilder/Metaphern und mögliche Symbole im Text erkennen, ihre Bedeutung verstehen und über ihre Leistungen diskutieren	• Titel »Schön wie die Acht« → **k.2** • Maltes Formulierung »von sowas krieg ich Kopfjucken« → **k.3** • Bezug zu Mathematik in verschiedenen Sprachbildern → **u.3, k.4** • Traumbälle → **k.5, k.6, k.12** • Vergleich der Situation mit dem Herunterfallen von Gegenständen → **k.5** • »uralte Mamarigkeit« → **k.7** • Maltes »Herzgaul« → **k.8** • Maltes »Renovierung seiner selbst«
	• Redeformen (Figurenrede, Erzählerrede) identifizieren	• Erzählerrede von Malte, Josefines lyrisches Ich in den Gedichten, Figurenrede in Dialogen und Chatkommunikation
	• Stilaspekte untersuchen	• Stil von Maltes Erzählerrede im Vergleich zur Redeweise in Dialogen und zur Schreibweise in der Chatkommunikation • Redeweise von Malte im Vergleich zur Redeweise von Josefine in unterschiedlichen Konstellationen • Redeweise von Josefine im Vergleich zur Schreibweise in ihren Gedichten • Gedichtstil von Malte → **k.9**
• Eigene Deutungen des Textes entwickeln, am Text belegen und sich mit anderen darüber verständigen	• Eine kontroverse Diskussion zu bestimmten Aspekten oder Figuren führen	• Maltes Gespräch mit Josefine über ungewollte Schwangerschaft und Abtreibung aufgreifen und weiterführen (Kap. 13)
	• Mögliche Gedanken von Figuren darstellen	• Erstes gemeinsames Abendessen aus Sicht von Josefine, Christian und Anja • Josefines ersten Schultag aus Sicht anderer Schüler:innen • Situationen zwischen Malte, Mats und Philipp aus Sicht von Mats und Philipp • Besuch bei Melanie aus Josefines und Melanies Sicht • Eskalation im Matheclub aus Lales und Koljas Sicht
	• Eine Rezension zum Buch verfassen	• Nach der Lektüre

Bildungsstandards	Methoden	Beispiele
• Analytische Methoden anwenden	• Den antizipierten und realen Handlungsverlauf vergleichen	• Vergleich von Ideensammlung am Anfang mit Lieblingsstellen am Ende
	• Ein Kapitel mit einem subjektiven »Untertext« versehen	• Zum Lieblingskapitel
	• Handlungsmotive einer Figur herausarbeiten	• Maltes Genervtsein beim ersten Abendessen → **k.3** • Maltes veränderte Haltung zu Mats und Philipp → **k.6** • Maltes Eskalation im Matheclub • Josefines ablehnende Haltung • Josefines Annäherung an Malte • Josefines Piercings → **k.13** • Versuche, Malte zur Teilnahme an der Landesrunde zu überreden → **k.11** • In selbst gewählter Szene für selbst gewählte Figur
	• Den thematischen Hintergrund des Buchs erhellen	• Zahlenmenschen und Wörtermenschen • Herausforderungen von Patchworkfamilien
	• Eine gemeinsame Reflexion der Lektüre durchführen	• Nach jedem Leseabschnitt vor und nach der Erarbeitung
• Produktive Methoden anwenden	• Ein eigenes Lesetagebuch bzw. einen Leseordner zum Buch führen	• Sammlung von bearbeiteten Materialien und weiterführenden Ergebnissen und Erkenntnissen
	• Einen Comic oder eine Fotostory zu einem Kapitel des Buchs erstellen	• Sich selbst in eine Szene schreiben → **k.10**
	• Ein fiktives Interview mit einer Figur führen	• Interview mit Malte, Lale und Herrn Zerhusen vor der Matheolympiade mit Fragen zur Vorbereitungsphase
	• Einen fiktiven Dialog zwischen Figuren verfassen	• Zwischen Josefine und ihrem Vater beim Abendessen zu zweit → **k.11**
	• Gedanken und Gefühle der Figuren imaginieren	• Josefines Gedanken und Gefühle beim ersten gemeinsamen Abendessen → **k.3** • Maltes Gefühle während des Besuchs bei Melanie → **k.9** • Gedanken von Herrn Zerhusen während des Gesprächs → **k.12**
	• Das Buch weiterdenken und schreiben	• Ausgestaltung der Matheolympiade → **k.13** • Ausgestaltung der gemeinsamen Sommerferien → **k.13**
	• Einen Brief einer Figur an eine andere Figur verfassen	• Abschiedsbrief von Malte an Josefine • Versöhnungsbrief von Anja an Melanie
	• Eine Reportage bzw. einen Zeitungsbericht über eine Textstelle verfassen	• Bericht für die Schülerzeitung über Maltes und Lales Vorbereitung auf die und Teilnahme an der Matheolympiade
	• Ein literarisches Rollenspiel z. B. zu einer Szene durchführen	• Streit von Josefine und Christian, in den sich Malte einmischt → **k.5** • Diskussionen bei den gemeinsamen Mahlzeiten • Maltes Eskalation im Matheclub • Gespräch zwischen Malte und Lale im Zug → **k.13**
	• Einen Handlungsort oder eine Szene malen, zeichnen oder nachbauen	• Gedicht von Rose Ausländer → **k.5** • Malte auf dem Spielplatz beim Waldcafé • Malte und Lale im Zug → **k.13**
	• Eine thematische Aktion durchführen	• Zu Rose Ausländer, Klaus Kordon und Novalis
	• Ein Rätsel zu einem Kapitel oder zum Buch erstellen bzw. lösen	• Lösungswort durch richtige Sortierung der Ereignisse ermitteln → **k.10**

Bildungsstandards	Methoden	Beispiele
• Produktive Methoden anwenden (Forts.)	• Ein alternatives Titelbild erstellen	• Cover für das eigene Leseportfolio lektürebegleitend gestalten
	• Ein Plakat bzw. eine Collage zum Buch erstellen	• Vor der Lektüre: Sammlung von Ideen zur Geschichte → **k.2** • Nach der Lektüre: Zusammenstellung von Lieblingsszenen der Klasse
	• Ein Hörspiel verfassen und produzieren	• Verschiedene Diskussionen zwischen den Figuren • Gespräch von Malte und Lale im Zug (statt Verfilmung) → **k.13**
• Handlungen, Verhaltensweisen und Verhaltensmotive bewerten	• Sympathie/Antipathie zu den Figuren thematisieren	• Ausgehend von Maltes anfänglicher Antipathie gegenüber Josefine • Ausgehend von Josefines anfänglicher Antipathie gegenüber der gesamten Familie • Ausgehend von Konfliktsituationen in verschiedenen Konstellationen
	• Zu den Figuren Stellung beziehen, ihr Verhalten und Handeln bewerten und kommentieren	• Josefines Verhalten gegenüber Eltern, Lehrkräften und Malte • Maltes Verhalten gegenüber Mats und Philipp → **k.6** • Verhalten von Maltes Eltern in der Vergangenheit • Maltes Entscheidung gegen die Matheolympiade → **k.11** • Josefines Erinnerungsmethode → **k.13**
→ Sach- und Gebrauchstexte verstehen und nutzen		
• Hintergrundinformationen suchen, verstehen, auswerten und vergleichen	• Eine Collage erstellen	• Schwerpunkte des Interviews mit Nikola Huppertz anteilig erarbeiten → **i.2** • Stimmen zum Roman zusammentragen → Webseite von Nikola Huppertz
→ Medien verstehen und nutzen		
• Informationsmöglichkeiten nutzen	• Internet- und Buchrecherche zu Themen des Buchs	• Matheolympiade / mathematische Aufgaben • Patchworkfamilie • Brustkrebs und Genetik • Josefines Themen im Fach »Werte und Normen« (S. 23)
• Medien zur Präsentation und ästhetischen Produktion nutzen	• Szene filmisch umsetzen, vorstellen und reflektieren	• Gespräch von Malte und Lale im Zug verfilmen → **k.13** • Fortsetzung der Geschichte im Medium der Wahl antizipieren → **k.13**

VORSCHLAG FÜR EINE UNTERRICHTSEINHEIT

u.6

Der vorliegende Vorschlag für eine Unterrichtseinheit zu »Schön wie die Acht« folgt der Kernidee identitätsorientierten Literaturunterrichts, »Literatur nicht nur als Lerngegenstand zu vermitteln, sondern Schülerinnen das Gefühl zu geben *Mea res agitur* [übersetzt: Um meine Sache geht es].«[2] Um diesen Anspruch mit dem Ziel der Leseförderung zu verbinden, bedarf es einer engen Verzahnung von gemeinsamem Lesen und selbstwirksamer Erschließung des Gelesenen. Das Material ist dementsprechend darauf ausgerichtet, eine Brücke zwischen Textnähe und Lebensweltbezug zu schlagen, und fundiert die vier Module der Unterrichtseinheit.

Modul A: Neugier auf den Roman wecken

- Eigenen Zugang zum Titel finden → **k.2**
- Bezug zum vorangestellten Text herstellen → **k.2**
- Spekulationen über die Geschichte anstellen → **k.2**
- Lektüre vorbereiten → **k.1**

Modul B: Kernelemente des Romans lektürebegleitend entdecken und erschließen

- Maltes Problemfelder kennenlernen → **k.3–k.6**
- Maltes Suche nach der Wahrheit nachvollziehen → **k.7–k.8**
- Maltes Entwicklung neuer Normalitäten mitverfolgen → **k.9–k.13**

Modul C: Lektüreeindrücke interessensgeleitet vertiefen

- Zu selbst gewählten Figuren, Beziehungen, Themen, Kapiteln Fragen entwickeln und bearbeiten
- Aufgaben aus **k.2–k.13** nach Wahl weiterbearbeiten

2 Frederking, Volker (2010). Identitätsorientierter Literaturunterricht. In Volker Frederking, Hans-Werner Huneke, Axel Krommer & Christel Meier (Hrsg.), Taschenbuch des Deutschunterrichts. Schneider Verlag Hohengehren, 414–451.

- Sich mit der Autorin und ihrer Sicht auf »Schön wie die Acht« befassen

Modul D: Lektüreerlebnis bewerten und reflektieren

- Position zum Buch beziehen → **k.14**
- Eigene Position mit Stimmen zum Roman vergleichen → **k.14**

Da der Aufbau der Kopiervorlagen der Logik des Textes folgt, lassen sich die Aufgaben sowohl aufeinander aufbauend als auch flexibel einsetzen – je nachdem, welche Aspekte des Textes fokussiert werden sollen. Dabei wird über den meist offenen Bearbeitungsumfang, die Repräsentationsleistung, eine Aufgabenauswahl, Aufgaben »zum Weiterdenken« und z.T. über die Sozialform differenziert. Um den individuellen Weg durch die Lektüre zu dokumentieren, bietet sich ein Leseportfolio in Form eines Ordners an, in dem sowohl die bearbeiteten Kopiervorlagen als auch die zusätzlich dazu in Modul B und C entstandenen Ergebnisse gesammelt werden können.

Infoblätter

i.1 DIE AUTORIN NIKOLA HUPPERTZ

Nikola Huppertz (*1976) ist als eine von drei Schwestern in der Nähe von Mönchengladbach aufgewachsen und lebt heute in Hannover. Nach dem Abitur hat sie Violine in Essen/Duisburg und Psychologie in Berlin studiert, aber kein Studium abgeschlossen. Stattdessen hat sie nach der Geburt ihrer beiden Kinder (*2000 und *2004) mit dem Schreiben von Kinder- und Jugendbüchern begonnen und sich damit einen Kindheitstraum erfüllt. Auf ihrer Homepage schreibt sie dazu:

»Als Kind habe ich am liebsten nach Abenteuern gesucht oder ihnen, falls gerade keine zur Hand waren, ein wenig nachgeholfen. Ich habe gelesen, gegrübelt, Luftschlösser gebaut und musiziert, und nachdem ich mir eine alte Schreibmaschine und eine noch ältere Geige erbettelt hatte, wollte ich entweder Schriftstellerin oder Musikerin werden. (Wovon nicht alle Leute so begeistert waren wie ich.)«[3]

3 S. https://nikola-huppertz.de/ueber-mich/ [Stand 22.04.2024] © Nikola Huppertz

Neben Jugendromanen schreibt Nikola Huppertz auch Bilderbücher, Kinderromane und Gedichte.

Mit »Schön wie die Acht« war Nikola Huppertz für den Deutsch-Französischen sowie für den Deutschen Jugendliteraturpreis nominiert und hat den Evangelischen Buchpreis erhalten.

Weitere Jugendromane

- **Fürs Leben zu lang.** Tulipan 2023.
- **Woher ich meine Sommersprossen habe.** Thienemann 2017.
- **Mein Leben mal eben.** Coppenrath 2017.
- **Wie ein Splitter im Mosaik.** Gabriel Verlag 2012.

i.2 INTERVIEW MIT NIKOLA HUPPERTZ: »MATHEMATIK UND LYRIK SIND VERSUCHE, DEM CHAOS ZU BEGEGNEN«

Nikola Huppertz über Zahlen, Gedichte und das Schreiben über Krisenerfahrungen

Dem Roman ist eine Liebeserklärung an die Acht vorangestellt, die erst einmal nicht zugeordnet werden kann. Wie viel Nikola Huppertz steckt in dieser Liebeserklärung?

Eine Menge! Ich mag Mathe, ich mag Zahlen, ich mag die Acht aufgrund ihrer Einfachheit und Geschlossenheit. 8 = 2 • 2 • 2, fertig. Eine einzige symmetrische Bewegung. Die visuelle Nähe zum Unendlichkeitszeichen sticht aber ins Auge. Dabei ist die Unendlichkeit ein grundverschiedenes Konzept, sie ist nichts Festgelegtes, sondern offen. Man muss sie sogar im Plural denken, muss verschiedene Unendlichkeiten miteinander vergleichen, und spätestens dabei ahnt man, wovon Malte und ich so fasziniert sind (selbst wenn uns der Kopf raucht). Gleichzeitig ist man froh und erleichtert, dass es auch die natürlichen Zahlen gibt. Sie geben uns zumindest die kurze Illusion, die Welt eindeutig abbilden zu können.

In den insgesamt 21 Kapiteln des Romans gibt es fünf Bilder: Josefine vor dem Abendbrottisch, Malte auf der Suche nach Traumbällen, Malte und Lale texten, Malte als Embryo, Josefine nimmt Malte in den Arm. Wieso sind es ausgerechnet diese fünf Bilder geworden? Welche Bedeutung haben sie für das Buch?

In Bezug auf die Illustrationen lagen die Entscheidungen in erster Linie bei Barbara Jung und dem Verlag. Aber ich habe sie schon während der Entstehung zu sehen bekommen und als sehr gelungen empfunden, weil sie die Bewegung des Romans sichtbar machen: von der äußeren Situation, der neuerdings erweiterten Familie, immer tiefer hinein in Maltes persönliche Erfahrungswelt bis hin zu seiner Auseinandersetzung mit der Vergangenheit – und wieder zurück in eine veränderte Gegenwart mit vertieften Beziehungen. Das Bild von Malte als Embryo im All hat mich am meisten berührt. Es zeigt ihn auf den ersten Blick mutterseelenallein in seiner existenziellen Erschütterung, auf den zweiten aber wunderbar verbunden durch Nabelschnur und Plazenta.

Neben den Gedichten von Josefine und Malte kommen in der Geschichte ja auch noch zwei Gedichte von Rose Ausländer und Klaus Kordon vor. Warum ist die Auswahl auf diese beiden Gedichte gefallen? Welche Bedeutung haben sie für Sie selbst innerhalb der Geschichte?

Zunächst habe ich nach Gedichten gesucht, die tatsächlich im Schulunterricht gelesen werden, denn dort begegnet Malte ihnen zuerst. Inhaltlich brauchte ich etwas, das störend auf seine mathematisch geordnete Welt prallt und ihn in Unverständnis versetzt. Bei Ausländer sind das fantastische, also »unlogische« Einfälle, bei Kordon ambivalente Gefühlslagen und die Weigerung, Leben in Kategorien zu pressen. Innerhalb der Geschichte sind sie jeweils ein Anstoß für Maltes eigene Reflexionen. Noch nicht, während er sich (unfreiwillig) mit ihnen herumplagt, sondern im Nachhall. Erst als sein eigenes Leben in Unordnung gerät, dämmert ihm, wovon die Rede ist. Gedichte, merkt er, sind eher ∞ als 8. Aber man kann einen Zugang zu ihnen finden, und sie können umgekehrt den Zugang zum eigenen Inneren erleichtern.

Sie schreiben Gedichte nicht nur für Ihre Figuren, in diesem Fall Malte und Josefine, sondern auch unabhängig davon. Wie unterscheidet sich das Dichten aus Perspektive einer fiktiven, zuvor ausgestalteten Figur von Ihren anderen Gedichten?

Das Dichten aus Perspektive meiner Figuren war knifflig. Die Ergebnisse durften nicht zu elaboriert ausfallen, sollten aber trotzdem etwas Wesentliches zum Ausdruck bringen. Geholfen hat mir, eigene alte Gedichte wieder zu lesen, an einigen Zeilen habe ich mich sogar bedient. Für Josefines Poesie musste ich bestimmte Einsichten, Gedanken und Arten zu formulieren aber ausklammern, weil sie zu »erwachsen« gewirkt und ihre jugendliche Radikalität verwaschen hätten. Und bei Maltes Gedichten musste ich mich daran erinnern, dass es erste Versuche sind und sein Zugriff eigentlich ein nichtsprachlicher ist. »Wenn ich Gedichte schreiben würde«, sagt er schon zu Beginn des Romans, »würden sie sich wenigstens reimen, und die Zeilen müssten jeweils eine bestimmte Anzahl von Silben haben, damit alles aufgeht.« So denkt ein Mathematiker, kein Lyriker.

An Ihren Lieblingsbüchern und -filmen ist Ihnen eigener Aussage zufolge wichtig, dass »sie konsequent einer Idee folgen und sie sowohl inhaltlich als auch formal und sprachlich entwickeln«[4]. Wie würden Sie selber die Idee beschreiben, der Sie in »Schön wie die Acht« folgen?

Unsere Welt und unser Sein sind uneindeutig. Dies zeigt sich uns aber erst nach und nach. Als Kinder sehen wir in und um uns lauter Wunder. Alles ist lebendig, alles von Sinn erfüllt, alles unterliegt unserem Tun. Dann kommt der furchtbare Moment, in dem die Wunderwelt zerfällt (wir nennen ihn auch Pubertät). Dieses Auseinanderbrechen und verschiedene Arten, gedanklich damit umzugehen, wollte ich darstellen. Sowohl die Mathematik als auch die Lyrik sind Versuche, dem Chaos zu begegnen. Jugendlichen ist das häufig gar nicht bewusst. Mathe muss man eben lernen, um die Klassenarbeit nicht zu verhauen. Gedichte muss man für den Deutschunterricht analysieren. Dass beides etwas mit dem eigenen Leben zu tun hat, bleibt ungesehen. »Schön wie die Acht« ist der Versuch, es sichtbar zu machen – und möglicherweise hier und da wieder ein bisschen Ordnung zu schaffen.

4 S. https://nikola-huppertz.de/ueber-mich/ [Stand 22.04.2024]
© Nikola Huppertz

Welch ein wunderbarer Gedanke, Gedichte und Mathe als Krisenhelfer im Chaos der Pubertät wirksam werden zu lassen und damit den verabscheuten Unterrichtsinhalten eine lebensweltliche Relevanz zu geben. Inwiefern hat dieses Ideal die Konzeption Ihrer Lehrer:innenfiguren beeinflusst?

Ich stelle es mir anspruchsvoll (mitunter auch frustrierend) vor, unter curricularen Zwängen echte Begeisterung zu wecken und Jugendliche auf einer persönlichen Ebene zu erreichen. Mit dieser Schwierigkeit muss auch »die Ullrich« umgehen. Sie kommt mit einem Stapel Fotokopien in den Klassenraum und hat schon die Klasse gegen sich. »Der Zerhusen« hat es leichter, er steht im Matheclub vor Schülerinnen und Schülern, die freiwillig und voller Begeisterung für seinen Stoff zu ihm kommen. Daher kann Malte ihn auch als Mentor akzeptieren und eine echte Beziehung zu ihm entwickeln. Frau Ullrich bleiben nur kleine Momente im Unterricht. Es war mir wichtig, dass sie zumindest diese nutzen kann. Malte macht es ihr nicht leicht, aber es gelingt ihr hier und da, ihn direkt anzusprechen. Und er merkt es auch.

Das »Zerfallen der Wunderwelt« hat für Malte ja gleich sehr viele Dimensionen: die Familie und der Matheclub als kontinuierliche Pfeiler seines Lebens erweitern sich ganz ohne sein Zutun, die fest definierten Beziehungen geraten außer Kontrolle und Gewissheiten der eigenen Existenz ins Wanken. Er ist also gleichzeitig mit eigener Verliebtheit, dem Verrat/der Vergangenheit der Eltern, der Verletztheit/Verletzbarkeit der Halbschwester und der Veränderung von (Nicht-)Freundschaften konfrontiert. Wie viel davon war schon in der ursprünglichen Idee des Romans und was hat sich erst beim Schreiben »ereignet«?

Es war nicht alles von Anfang an geplant, manche der Zweifel, die Malte plagen, haben sich erst im Laufe des Schreibprozesses entfaltet. Auf einmal schien ihm die Kontrolle über sein gesamtes Leben zu entgleiten. Es gab einen Moment, in dem ich dachte: Der arme Junge, das ist jetzt zu viel. Aber ich musste mich korrigieren. Verstand, Gefühl und soziale Ereignisse finden immer gleichzeitig statt, mit zahlreichen Rückkopplungen, und eine Krise hält sich nicht an eng umschriebene Bereiche. Sie greift nach dem ganzen Menschen und schüttelt ihn durch. Das ist hart und tat mir beim Schreiben leid für meine Figur, aber alles andere wäre nicht lebensnah gewesen. Glücklicherweise sind Krisen immer auch ein Sprungbrett zur Weiterentwicklung, und die »ereignete« sich bei Malte dann ebenfalls.

Das Buch wurde in der F. A. Z. und in der S. Z. prominent besprochen, war für den Deutschen Jugendliteraturpreis nominiert, wurde mit dem Evangelischen Buchpreis ausgezeichnet und in Bestenlisten wie »Die besten 7« aufgenommen. Welche Bedeutung hat eine solche Resonanz für Sie und Ihr Schreiben?

Es wäre schlicht gelogen, dass das Schreiben unberührt von äußerer Anerkennung ist. Sie bestätigt einen auf dem eingeschlagenen Weg, der ja immer ein steiniger ist. Im Fall von »Schön wie die Acht« wäre er sogar fast in einer Sackgasse geendet, denn zunächst wollte niemand den Stoff verlegen. »Mathe«, hieß es, »puh! Wer will das denn lesen?« Oder: »Ein männlicher Protagonist im realistischen Jugendbuch? Verkauft sich nicht.« Es hat mich und auch meine Agentin viele Nerven gekostet, Verlagsmitarbeiter:innen davon zu überzeugen, dass sich »Mathe« und »Lyrik« in eine Geschichte übersetzen lassen, die junge Menschen fesselt. Dass das Buch nicht nur viel und gern gelesen wird, sondern auch die Kritikerinnen und Kritiker überzeugen konnte, ist ein beglückender Ausgleich der anfänglichen Mühen (und eine Belohnung für den mutigen Tulipan Verlag, der den Roman schließlich angenommen hat). Mich persönlich bestärkt es darin, auf die Geschichten zu vertrauen, die zu erzählen mir ein Bedürfnis ist.

Was wünschen Sie sich bzw. Ihrer Geschichte und Ihren Figuren für die Auseinandersetzung im Schulunterricht? Oder anders gesprochen: Was wünschen Sie sich von Lehrer:innen, die das Buch im Unterricht einsetzen?

Ich habe einige E-Mails von sonst eher lesemuffeligen Jungen erhalten, die mir von ihrer Begeisterung für Mathematik und ihrer Identifikation mit Malte erzählten. Das passiert selten, und es wäre mir eine große Freude, wenn, vermittelt über den Schulunterricht, noch mehr Jugendliche (ob Jungen oder Mädchen) ein überraschendes Leseerlebnis hätten. Der Roman bietet dazu thematisch viele Ansatzpunkte. Er ist eine Einladung, auf eigene Erfahrungen zurückzugreifen, eigenständig nachzudenken und eine Haltung zu entwickeln.

Vielen Dank für diese spannenden Einblicke und dieses passionierte Plädoyer für einen identitätsorientierten Literaturunterricht!

Interview: Elisabeth Hollerweger (Februar 2024)

FIGURENKONSTELLATION

i.3

Die Figuren sind rund um den Protagonisten Malte in drei Feldern angeordnet, die die Veränderung seiner Lebenssituation veranschaulichen: Aus der dreiköpfigen Kernfamilie wird eine fünfköpfige Patchworkfamilie, zu den beiden festen Bezugspersonen des Matheclubs kommt eine verwirrende Konkurrentin und aus zwei Klassenkameraden werden Freunde.

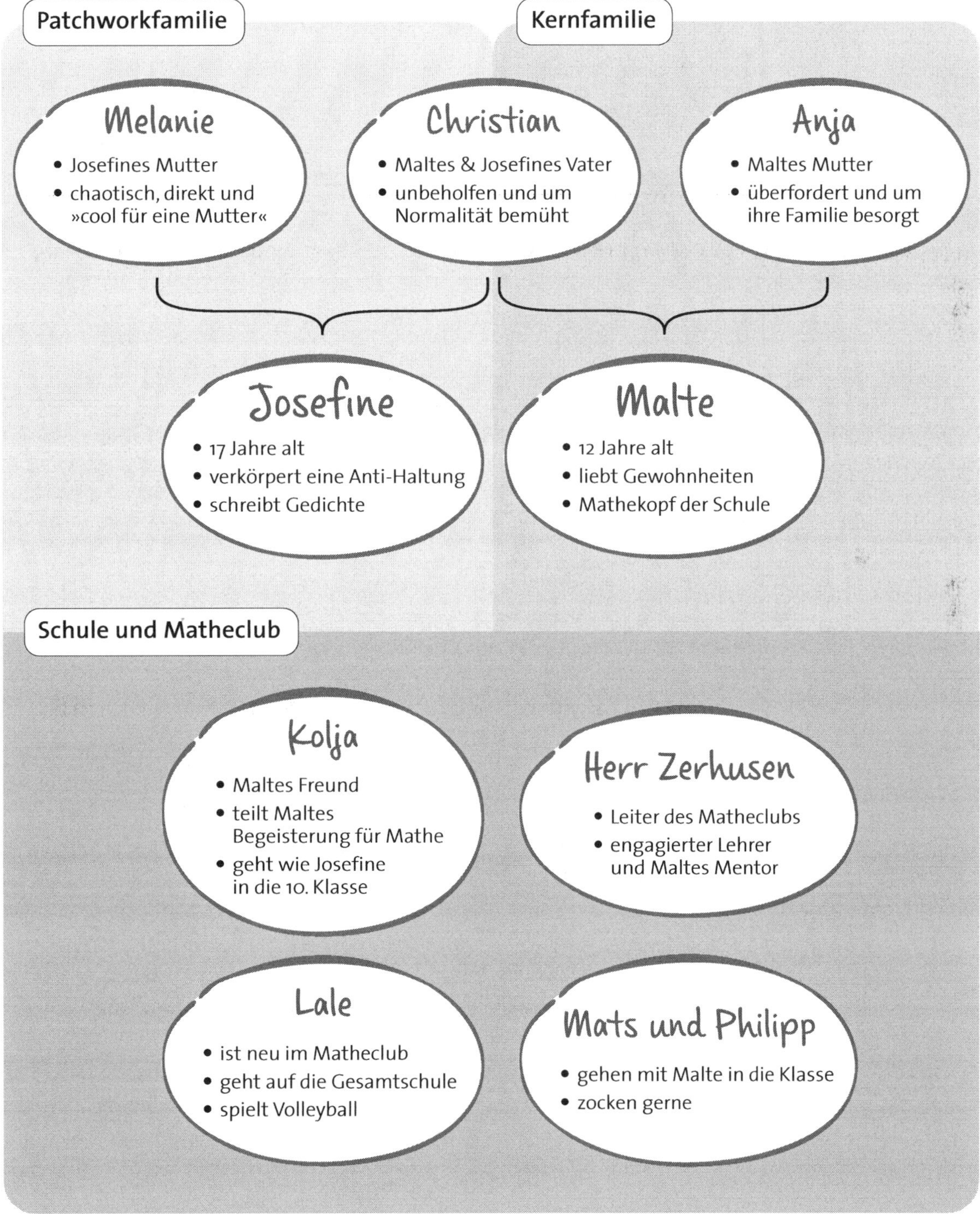

TABELLARISCHE KAPITELÜBERSICHT

Kap.	Seite	Erzähltes Geschehen
1	6–15	Malte sitzt mit seinen Eltern und seiner Halbschwester Josefine am Abendbrottisch und kommentiert die veränderte Situation, die durch die Krebserkrankung von Josefines Mutter und den vorübergehenden Einzug von Josefine entstanden ist. Als er sich später wegen Josefines lauter Musik nicht auf seine Aufgaben für den Matheclub konzentrieren kann, sucht er das Gespräch mit seiner Halbschwester, das allerdings nicht in seinem Sinne verläuft.
2	16–26	Maltes Bemühungen, in der Schule nicht mit seinem Vater und Josefine gesehen zu werden, scheitern an der Unbedarftheit seines Vaters. Das hat zur Folge, dass Malte sowohl von seinen Klassenkameraden Mats und Philipp als auch von seinem Freund Kolja aus der Zehnten mit Fragen zu seiner Halbschwester gelöchert wird. Im Matheclub erweitert sich der Kreis um Lale von der Gesamtschule, die gemeinsam mit Malte auf die Landesrunde der Matheolympiade vorbereitet werden soll und Malte mit ihrer direkten, offenen Art durcheinanderbringt.
3	27–38	Um der schlechten Stimmung zwischen seiner Mutter und Josefine auf den Grund zu gehen, fragt Malte bei Josefine nach. Diese nennt Maltes Mutter eine »Bitch« und tut Maltes Beschwerde mit »Mimimi« ab. Beim Abendessen fragen sowohl Maltes Mutter als auch Josefine nach Lale. Überraschend ruft Kolja an, interessiert sich dann aber vor allem für Josefine. Da Malte nicht einschlafen kann, versucht er, sich mit Lego abzulenken.
4	39–50	Im Deutschunterricht wird Malte mit dem Gedicht *Ich bin ein Zirkuskind* von Rose Ausländer konfrontiert und von seiner Lehrerin animiert, sich dazu zu positionieren. In der Pause unterhält er sich mit Josefine und versucht vergeblich, sie vom Schwänzen abzubringen, ahnt aber, dass ihre schlechte Stimmung mit dem Thema Genetik im Biologieunterricht zusammenhängt. In seiner Freistunde recherchiert er zur Vererbbarkeit von Brustkrebs und zu Lale.
5	51–62	Malte mischt sich in den Streit zwischen Josefine und dem Vater ein und lässt sich auch von seiner Mutter nicht beschwichtigen. Josefine kommt in sein Zimmer, hilft ihm bei der Analyse eines Gedichts von Klaus Kordon und recherchiert mit ihm zu Lale. Während Josefine dem gemeinsamen Abendessen fernbleibt, erkennt Malte, dass sich die frühere Normalität der Dreierkonstellation nicht wiederherstellen lässt.
6	63–73	Philipp lädt Mats und Malte spontan nach der Schule zu sich nach Hause ein, wo sie den Nachmittag mit der X-Box verbringen und Malte den Eindruck gewinnt, dass sie vielleicht doch Freunde sind. Am nächsten Tag versucht er erfolglos, in der Pause die Aufgaben für den Matheclub zu erledigen und wird davon überrascht, dass auch Lale zu dem Treffen erscheint und bestens vorbereitet ist.
7	74–86	Das Mittagessen von Malte, seiner Mutter und Josefine wird durch einen Anruf der Direktorin unterbrochen, die sich über Josefines Umgang mit ihrer Klassenlehrerin beschwert. Im folgenden Streit mit Maltes Mutter übt Josefine implizit Kritik an deren Verhalten in der Vergangenheit. Überfordert von der Situation bricht Malte zu einer Radtour auf. Bei seiner Rückkehr erscheinen ihm seine Eltern übertrieben nett. In Josefines Zimmer entdeckt Malte eines ihrer Gedichte und wird von ihr hinausgeworfen.
8	87–94	Malte wacht krank auf und scheitert beim Versuch, sich den Matheaufgaben zuzuwenden. Stattdessen denkt er an Josefines Gedicht und hat einen Fiebertraum, aus dem er von Josefine geweckt wird. Später entdeckt Malte, dass sie ihm eine Nachricht und einen Stapel mit ihren Gedichten auf das Bett gelegt hat, den er sich aber nicht zu lesen traut.
9	95–100	Malte lenkt sich mit der ersten Star-Trek-Staffel von seiner Krankheit und den Gedanken an die Vergangenheit seiner Eltern ab. Später erstellt er eine WhatsApp-Gruppe mit Mats und Philipp und wird von Josefine besucht, die wissen will, ob er ihre Gedichte schon gelesen hat.
10	101–117	Malte erhält die Diagnose einer Streptokokkenangina. Statt sich seinen Matheaufgaben zuzuwenden, liest er zwei von Josefines Gedichten, ist davon aber überfordert und baut zur Ablenkung Lego. Beim Mittagessen stellt er seine Eltern zur Rede, bekommt aber keine Antworten. Auf seinem Telefon entdeckt er neben Nachrichten von Mats und Philipp auch eine von Lale. Josefine nimmt Malte mit auf einen Spaziergang und schildert ihm ihre Perspektive auf die Geschehnisse der Vergangenheit. Beim Gutenachtsagen befragt Malte seine Eltern erneut, fühlt sich aber nicht ernst genommen und liest noch eines von Josefines Gedichten.
11	118–130	Malte ist krank allein zu Hause, analysiert seine unterschiedlichen Bedürfnisse und sucht vergeblich nach Beweisen für den Verrat seiner Eltern. Er bekommt Gesellschaft von Josefine, die ihn aufgrund seiner knappen Antwort an Lale zurechtweist und ihm von Koljas Anbagger

Kap.	Seite	Erzähltes Geschehen
		versuchen sowie den Gedanken an ihre Mutter erzählt. Malte beschließt, Josefine in die Rehaklinik zu begleiten, und befolgt Josefines Rat, Lale noch einmal zu schreiben. Aus der Frage nach ihrer Lieblingszahl entspinnt sich ein aufregender Austausch mit Lale.
12	131–137	Malte muss gegen seinen Willen weiter zu Hause bleiben und verpasst damit den Matheclub, setzt aber mithilfe von Josefine durch, dass er sie zu ihrer Mutter begleiten darf. Er liest alle Gedichte von Josefine und versucht sich selber an einem. Als Lale ihm von ihrer unfreiwilligen Privatstunde bei Zerhusen schreibt, verschlechtert sich seine Laune, weil sie seine bisherigen Privilegien in Anspruch nimmt. Er beschließt erneut, sich den Matheaufgaben zuzuwenden.
13	138–156	Maltes Eltern scheitern bei ihren Versuchen, Malte von dem Besuch bei Josefines Mutter Melanie abzubringen. In der Rehaklinik beobachtet Malte zunächst das Chaos in Melanies Zimmer sowie den Umgang zwischen Melanie und Josefine. Als Josefine die beiden allein lässt, findet Malte Gelegenheit, mit Melanie über die Ereignisse der Vergangenheit zu sprechen. Dabei erfährt er, dass seine ungeplante Zeugung der Grund für seinen Vater war, Melanie und Josefine zu verlassen.
14	157–168	Nach seiner Rückkehr weist Malte die Nachfragen seiner Eltern zurück und geht auf Konfrontationskurs. Auch gegenüber Mats und Philipp sowie seiner Deutschlehrerin verhält er sich abweisend. Die Situation eskaliert im Matheclub, als Lale ihrem Ärger über Maltes letzte Textnachricht Luft macht und Herr Zerhusen vorschlägt, dass sich Malte die letzten Aufgaben von Lale erklären lassen kann. Malte schreit Lale an, verkündet, nicht zur Landesrunde mitzufahren, und verlässt den Raum.
15	169–186	Malte lässt sich von seiner Mutter trösten und konfrontiert seine Eltern mit seinen Erkenntnissen über ihre Vergangenheit. Während daraus ein Konflikt zwischen den Eltern entsteht, sucht Malte Trost bei Josefine. Ausgehend von ihrem aktuellen Gedicht auf dem Laptop diskutieren die Halbgeschwister über ihren Vater. Als die Eltern dazustoßen, kommt es zu einer Aussprache. Malte übernachtet daraufhin bei Josefine und unterhält sich mit ihr auch über Lale. Josefine gibt zu, dass sie die Kontaktversuche ihres Vaters viele Jahre abgeblockt hat.
16	187–197	Nachdem Josefine Malte vom Schwänzen abgebracht hat, nimmt er in der Schule den Kontakt zu Philipp und Mats wieder auf. Die für den Nachmittag geplante Verabredung wird von Maltes Mutter verboten, weil Herr Zerhusen bei ihr angerufen und angekündigt hat, nachmittags mit Malte telefonieren zu wollen. In diesem Telefonat bestätigt Malte erneut seinen Entschluss, nicht mehr bei der Landesrunde mitmachen zu wollen, und vertritt diese Position beim Abendessen auch gegenüber seinen Eltern. Als diese die Schuld bei sich suchen, weist Josefine sie darauf hin, dass es in Maltes Leben auch andere Dinge gibt, die ihn beschäftigen.
17	198–206	Malte verbringt ein paar ruhige Tage. Bei einer seiner Fahrradtouren kommt er an Lales leerem Schulhof vorbei und stellt sich ihr Schulleben vor. Zu Hause trifft er auf Kolja, geht aber davon aus, dass dieser nur Josefine besuchen will, und ist zunächst abweisend. Nachdem Kolja dieses Missverständnis aufgeklärt hat, lernen sie zusammen Mathe. Später erfährt Malte, dass Josefine mit ihrem Vater Sushi essen ist, und entwickelt versöhnliche Gedanken.
18	207–215	Malte sucht gemeinsam mit Mats und Philipp das Lehrerzimmer auf, um Herrn Zerhusen mitzuteilen, dass er mit zur Landesrunde fährt, aber nur noch gemeinsam mit Kolja übt und nicht mehr in den Matheclub kommt. Während er mit Mats und Philipp die nächste Verabredung plant, stellt er die Veränderung seiner Prioritäten fest. Nach der Schule beeilt er sich, um Lale nicht zu begegnen, und wird von Josefine zurechtgewiesen, die schließlich die WhatsApp-Kommunikation mit Lale selber in die Hand nimmt.
19	216–223	Malte denkt über neue Normalitäten nach. Als seine Mutter mit Josefine shoppen geht, nimmt er Kontakt zu Melanie auf. Später bittet er Josefine, ihm beim Schreiben eines Gedichts zu helfen, und findet heraus, dass sie seinen ersten Gedichtversuch im Müll gefunden hat.
20	224–231	Josefine lässt sich vor ihrer Abreise ein neues Piercing stechen, das sie an Malte erinnern soll. Malte nimmt Abschied von Josefine und findet in seinem Deutschheft Josefines Fortsetzung seines ersten eigenen Gedichts (vgl. Kap. 12). Mats nimmt Maltes Aussage, ein Gedicht gelesen und selbst geschrieben zu haben, nicht ernst.
21	232–239	Als Malte am letzten Tag vor der Landesrunde mit seinen Eltern Kakao trinkt, fällt ihnen vor allem die Stille auf, die Josefine hinterlassen hat. Maltes Mutter verkündet, dass sie Josefine zum gemeinsamen Sommerurlaub eingeladen hat. Am Tag der Landesrunde wird Malte von seiner Mutter zum Bahnhof gebracht, entschuldigt sich im Zug bei Lale und gibt ihr das Gedicht, das er für sie geschrieben hat.

Lesezeichen und Zeilometer

Nikola Huppertz

SCHÖN WIE DIE ACHT

Deutscher Jugendliteratur Preis
NOMINIERUNG

GULLIVER

1 2 3 4 5 6 7 8 9 10 11 12 13 14 15 16 17 18 19 20 21 22 23 24 25

Dieses Lesezeichen hilft dir, einzelne Textstellen zu finden oder dich mit anderen über bestimmte Textstellen zu unterhalten: Lege dazu einfach das Zeilometer an den oberen Buchrand. Die Zahlen sind dann die jeweiligen Zeilen. Natürlich kannst du dein Zeilometer auch individuell gestalten.

»…, von sowas krieg ich Kopfjucken«

1. Was fällt Malte an Josefines Auftreten beim Abendbrot auf? Kreise ein.

Tattoo am Hals • x-fach gepiercktes Gesicht • fieses Grinsen • schwarzer Hoodie

kaut einen Apfel • schlürft Glibber aus dem Inneren einer Tomate

Mörderblick • zerrissene Jeans

2. Was meint Malte mit der Aussage »von sowas krieg ich Kopfjucken« (S. 7)?
Finde weitere Formulierungen mit derselben Bedeutung (Synonyme).

Maltes Formulierung: »von sowas krieg ich Kopfjucken«	→	Bedeutung:	→	Synonyme:

3. Was stört Malte an der neuen Situation? Erstelle eine Checkliste und hake die Punkte ab, die dich auch stören würden.

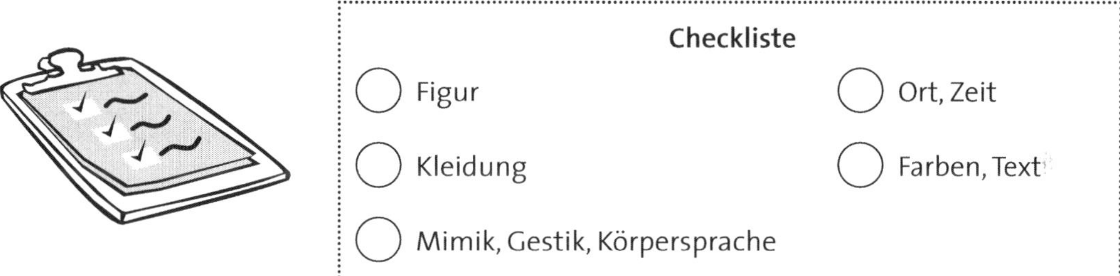

Checkliste

- ◯ Figur
- ◯ Ort, Zeit
- ◯ Kleidung
- ◯ Farben, Text
- ◯ Mimik, Gestik, Körpersprache

4. Was könnte Josefine in der Situation am Abendbrottisch denken? Welche Gefühle könnte sie haben? Schreibe es in die Denk- und Gefühlsblase.

»Gewohnheiten sind wie Mathematik«

1. a) Mit welchen Erlebnissen sind Maltes abendliche Gedankenfetzen jeweils verbunden? Tauscht euch in fünf Runden mit wechselnden Zweierteams darüber aus.

Kannst ja mal drüber nachdenken | *Mimimi* | *Lale* | *Kolja* | *Bitch*

b) Kreise den für dich interessantesten Gedankenfetzen ein und begründe deine Auswahl.

Diesen Gedankenfetzen finde ich am interessantesten, weil ...

____

____

2. Weil er vor lauter Gedanken nicht einschlafen kann, fängt Malte an, etwas zu bauen. Was verbindet er in dieser Szene mit seinen Legosteinen? Was verbindest du damit? Vergleiche.

Bedeutung für Malte	Bedeutung für mich
○ __________	○ __________
○ __________	○ __________
○ __________	○ __________

Tipp Die Bedeutung für Malte verändert sich im Lauf der Szene.

3. Malte hält fest: »Gewohnheiten sind wie Mathematik. Beide funktionieren immer, immer gleich.« (S. 38) Ersetze in diesem Vergleich einmal »Mathematik« und einmal »Gewohnheiten« durch ein anderes Wort und finde einen passenden Erklärungssatz dazu.

Gewohnheiten sind wie ________________. Beide ________________

____.

________________ sind wie Mathematik. Beide ________________

____.

»Nichts ist, wie es war«

In Maltes Leben gerät alles durcheinander …

1. Was meint Malte mit der Selbstbeschreibung: »Ich bin eben keiner, der Traumbälle auffängt« (S. 43)? Übersetze diese Aussage in konkrete Eigenschaften.

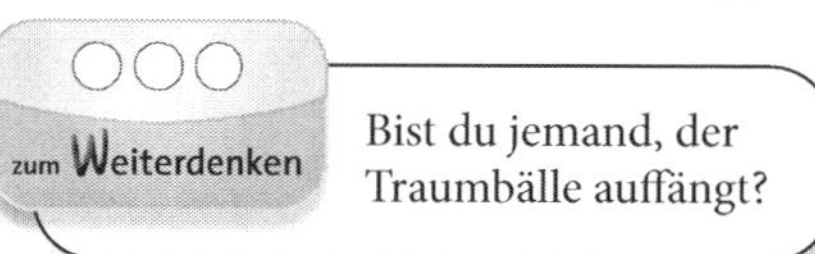

kann nichts mit Gedichten anfangen

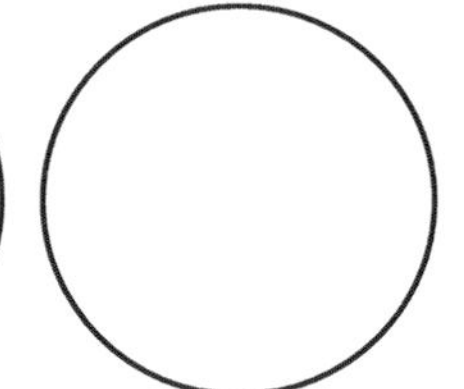
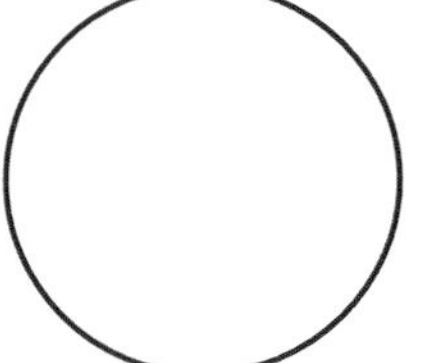
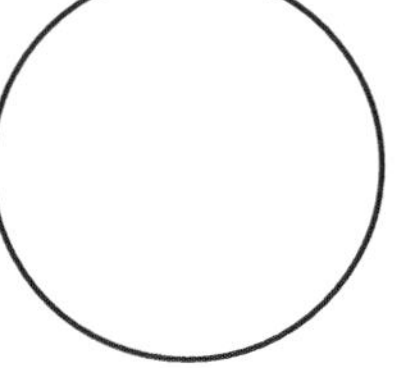
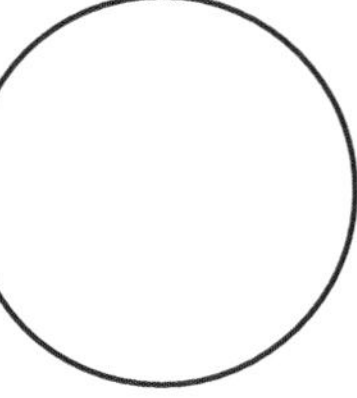
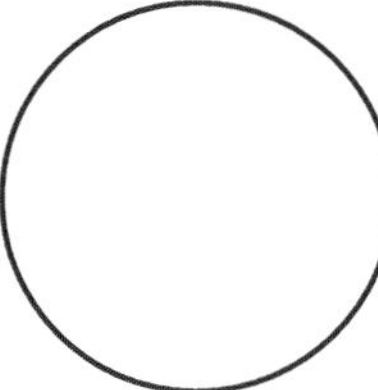

2. Malte versucht vergeblich, sich das Flügelpferd vorzustellen. Zeichne oder schreibe, welche Bilder das Gedicht in deiner Vorstellung erzeugt.

3. Malte mischt sich in den Streit von Josefine und Christian ein. Erstellt in Viererteams ein Drehbuch und spielt die Szene nach. Wodurch unterscheiden sich eure Inszenierungen? Diskutiert in der Klasse.

Wer spricht?	Wie wird gesprochen? (Mimik/Gestik/Bewegung)	Was wird gesprochen?

4. a) Welche beiden Erlebnisse verbindet Malte mit der Aussage in der Mitte?

Früheres Ereignis:	»Als wäre alles, was vorher war, runtergefallen und dabei kaputtgegangen.« (S. 62)	Aktuelles Ereignis:

b) Wann ging es dir schon einmal ähnlich? Finde eine Ausdrucksform deiner Wahl, um davon zu erzählen (z. B. Comic, Gedicht, Drehbuch).

»Oder? Oderoderoder?«

1. a) Wodurch verändert sich Maltes Einschätzung seiner Beziehung zu Mats und Philipp? Schreibe es in den Pfeil.

b) Was denkst du: Sind Mats, Philipp und Malte Freunde? Woran machst du das fest? Stellt euch in einer lebendigen Statistik in der Klasse auf und diskutiert darüber.

Lebendige Statistik: Stellt euch im Raum entsprechend eurer Antwort zu einer vorgegebenen Frage oder Aussage auf. Vorher wird festgelegt, welcher Ort im Raum für welche Antwort steht.

2. Welche Bedeutung gewinnen die Gedichtzeilen für Malte, während er Fahrrad fährt?

Reite auf … (S. 79)	
Ich möchte … (S. 81)	

3. Was erfährt Malte durch Josefines Aussage und Josefines Gedicht über seine Eltern? Erkläre es in deinen eigenen Worten.

»Was geht nicht? Die Wahrheit zu sagen? Das sieht dir ähnlich. Damit hast du's ja nicht so.« (S. 75 f.)

Benennung

Du nennst dich ›Papa‹
Wenn du dich meldest –
sogar im Zorn.
Schweigen in der Leitung.
Denn ich weiß nichts
auf ein Kosewort zu erwidern
das zum Formalismus erstarrt ist
seit du weggegangen bist
von uns
zu ihr.

»Ich will nur meine Zahlen«

1. Warum kann Malte sich nicht auf seine Zahlen konzentrieren? Welche »Gedanken mit vielen Stimmen und vielen Fragezeichen« drängeln sich dazwischen und davor? Skizziere in Worten und Bildern, wie es in seinem Kopf wohl aussieht.

2. Was sagt Maltes Fiebertraum über sein Innenleben aus? Versuche dich an einer Traumdeutung.

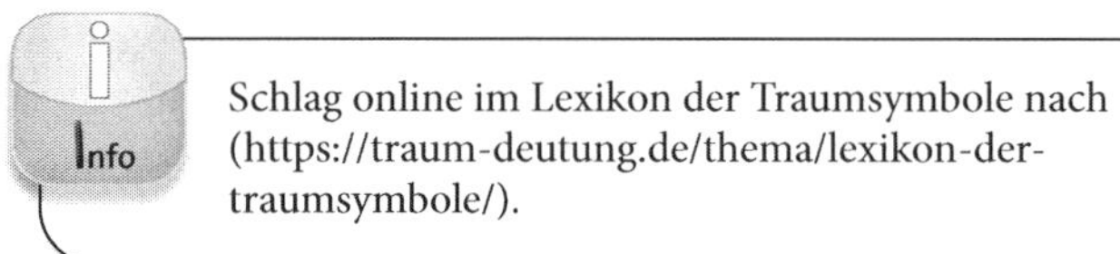

Schlag online im Lexikon der Traumsymbole nach (https://traum-deutung.de/thema/lexikon-der-traumsymbole/).

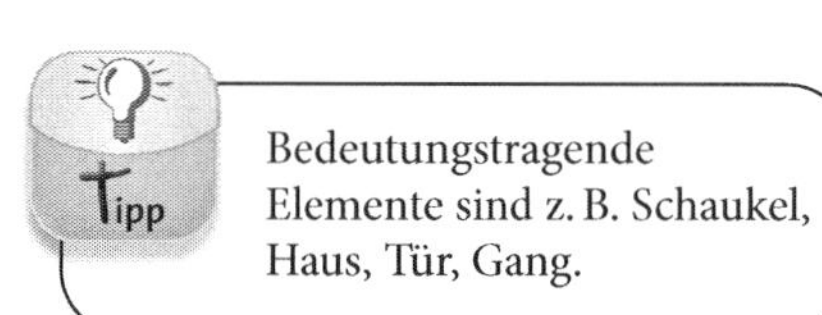

Bedeutungstragende Elemente sind z. B. Schaukel, Haus, Tür, Gang.

3. Was meint Josefine mit der Warnung: »Achtung! Wer Gedichte liest, braucht Mumm.« (S. 93)? Formuliere eine Erklärung und nenne ein Beispiel von Malte oder dir selbst.

zum Weiterdenken

Malte nimmt eine »uralte Mamarigkeit« wahr. Was meint er damit, was verbindest du damit?

»Eine Lüge ist nichts ohne ihren Grund«

1. Was würdest du Josefine auf die Frage »Wie findest du [die Gedichte] denn?« (S. 111) antworten? Achte darauf, dass Josefine Maltes Antwort »traurig« nicht gereicht hat.

Zurückgeblieben Wieder einmal strecke ich die Hände aus und taste mich als das Kleinmädchen von damals durch diesen grenzenlosen Raum aus Abwesenheit	
Krebs Im Seitgang krabbelt er dir ins Dekolleté beißt sich in dein Fleisch und kappt mit Scherenhänden deine unerhörte Weiblichkeit	

2. a) Malte und Josefine sind sich uneinig, wie wichtig Gründe für verletzende Taten sind. Ordnet euch *Team Malte* oder *Team Josefine* zu und diskutiert in der Klasse. Ihr könnt auch eigene Beispiele in eure Argumentation einbringen.

Malte: »Eine Lüge ist nichts ohne ihren Grund. Oder ein Verrat. Es ist wie in der Mathematik.« (S. 106)	Josefine: »Spielt es eine Rolle, warum? Entscheidend ist doch, dass er getan hat, was er getan hat.« (S. 113)

b) Umkreise deine finale Position und halte das für dich wichtigste Argument fest:

____

____

____

3. Suche dir eine Aufgabe aus.

a) Für Wörterfans: Während des Textens mit Lale spielen Maltes Magen und Herz verrückt. Erkläre anhand der Textstellen auf S. 126–130, was mit ihm passiert.

b) Für Bilderfans: Wie stellst du dir Maltes »Herzgaul« während des Chats vor? Zeichne ihn auf.

c) Für Zahlenfans: Verfasse eine Nachricht an Lale und Malte, in der du ihnen von deiner Lieblingszahl und deinem Grund erzählst.

»…, kann ich die Wahrheit nicht neu verschleiern«

Malte und Josefine besuchen Melanie …

1. Hilf Malte dabei, sein erstes Gedicht zu verbessern. Überlege, ob du seine Bedenken gegenüber dem Wort »Bruder« teilst oder ob du es doch verwenden möchtest.

Maltes Gedicht	Verbesserungsvorschlag
Du stemmst Gewichte und schreibst Gedichte und das echt nicht schlecht Frau Specht ~~sehr viel kruder~~ ~~machts dein~~ Doch siehst du, ich kann's leider nich'.	

2. Was macht Melanie in Maltes Augen »cool für eine Mutter« (S. 146)?
Erstelle in deinem Heft eine Checkliste und hake die Punkte ab, die du auch cool findest.
Ergänze Punkte, die für dich eine coole Mutter auszeichnen. Diskutiert in der Klasse.

3. Wie entwickeln sich Maltes Gefühle im Laufe des Samstags?
Trage passende Gefühle auf dem Zeitstrahl ein.

Abschied	Anreise	Begrüßung	Begegnung	Gespräch	Aktivitäten	Rückfahrt

4.

a) Welches Gefühl löst das Bild von Malte als Embryo bei dir aus?
Wodurch wird dieses Gefühl ausgelöst?

b) Vergleiche deinen eigenen Eindruck mit dem der Autorin Nikola Huppertz aus dem Interview (→ i.2)!

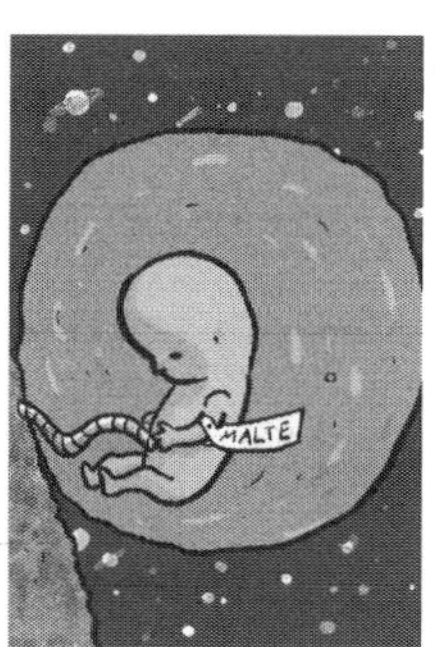

»Aber diesen Tag werde ich nie vergessen«

1. Am Montag nach dem Besuch bei Melanie überschlagen sich für Malte die Ereignisse. Bringe sie in die richtige Reihenfolge, sodass ein Lösungswort entsteht.

Y Malte lässt sich von seiner Mutter trösten.

O Lale soll Malte die Matheaufgaben erklären.

M Aus dem Gespräch zwischen Malte und seinen Eltern entwickelt sich ein Streit zwischen den Eltern.

L Malte rastet aus und verlässt den Matheclub.

E Josefine gesteht Malte, dass sie die Kontaktversuche ihres Vaters jahrelang abgeblockt hat.

A Frau Ullrich versucht vergeblich, Malte zur Auseinandersetzung mit Novalis' Gedicht zu bewegen.

T Malte ist misstrauisch gegenüber Kolja.

E Herr Zerhusen reagiert besorgt auf Maltes Versäumnisse im Matheclub.

D Malte übernachtet bei Josefine und unterhält sich mit ihr über Lale.

P Malte sucht Trost bei Josefine und spricht mit ihr über ihr aktuelles Gedicht und ihren Vater.

A Es kommt zur Aussprache zwischen Malte, Josefine, Christian und Anja.

H Lale stellt Malte wegen seiner Textnachricht zur Rede.

I Maltes und Josefines Vater platzt in die Situation.

M Malte reagiert abweisend auf Mats und Philipp.

Lösungswort: ___ ___ ___ ___ ___ ___ ___ ___ ___ ___ ___ ___ ___ ___

1 2 3 4 5 6 7 8 9 10 11 12 13 14

2. In welcher dieser Szenen wärst du am liebsten Teil der Geschichte? Welchen Tipp würdest du Malte geben? Versuche deine Idee in zwei Comic-Panels umzusetzen.

3. Welche Erkenntnisse gewinnt Malte durch die Aussprache mit seinen Eltern und Josefine? Schreibe die für dich wichtigste Erkenntnis neben die Glühbirne.

____

____

____

Vervollständige Maltes Satz »Wenn ich mir überlege, welche Tage ich mir in meinem Leben gemerkt habe …« für dich selbst.

»… wieder ist alles auf so unlogische Weise logisch«

1. Maltes Entscheidung gegen die Landesrunde wird von verschiedenen Seiten infrage gestellt. Notiere, wie die einzelnen Figuren versuchen, ihn umzustimmen. Überlegt und ergänzt zu zweit, warum ihnen seine Teilnahme jeweils wichtig ist.

Wer?	Wie?	Warum?

2. Was möchtest du Malte zu seiner Entscheidung sagen? Schreibe es in die Sprechblase.

3. Wie hat sich die Freundschaft zwischen Malte und Kolja im Laufe des Romans entwickelt? Zeichne die Stationen zwischen den Zitaten wie auf einem Spielfeld auf.

»Vielleicht sogar bessere Freunde als je zuvor.« (S. 205)

»Kolja ist mein Freund.« (S. 21)

4. Wie stellst du dir den Restaurantbesuch von Josefine und Christian vor? Erprobt euer Improvisationstalent und spielt die Szene spontan in Zweierteams.

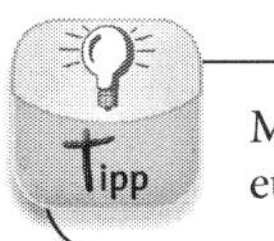

Maltes Vorstellungen können euch dabei helfen.

»Weil, Mathe ist … auch nicht alles, irgendwie«

1. Im Gespräch mit Malte kommuniziert Herr Zerhusen vor allem ohne Worte. Welche Gedanken könnten hinter seiner Mimik stehen? Schreibe es in die Denkblase.

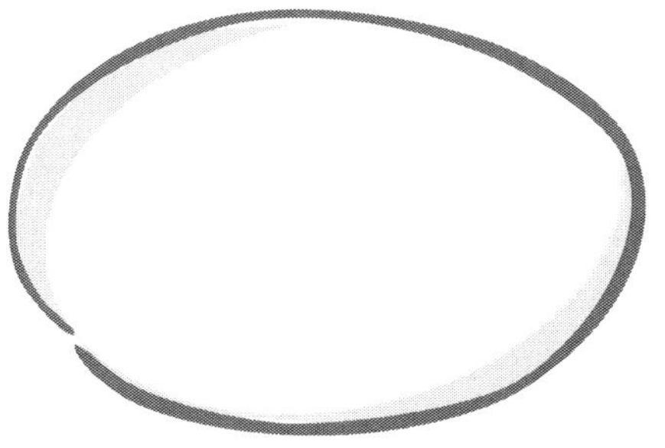

»dann sieht er *wirklich* erfreut aus, lächelt von einem Ohr zum anderen« (S. 207)

»Zerhusens Lächeln schrumpft zusammen, verschwindet aber nicht« (S. 208)

»Nun wird sein Lächeln wieder breiter, wird fast zu einem Grinsen.« (S. 208)

2. a) Woraus setzt sich Maltes neue Normalität zusammen? Sammelt in der Klasse. Notiere die für dich wichtigsten Stichpunkte in die Puzzleteile.

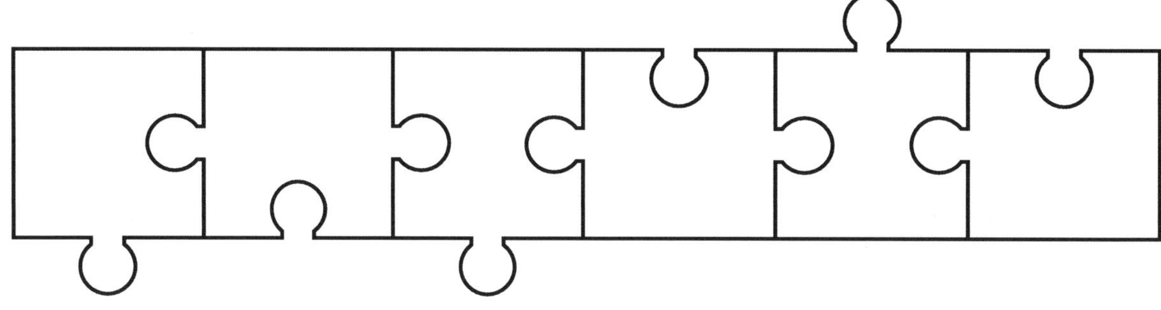

b) Suche dir eins der Puzzleteile aus und finde dich mit anderen zu diesem Puzzleteil zusammen. Diskutiert in der Kleingruppe, was ihr von dieser Veränderung haltet.

3. Übersetze für den ›alten‹ Malte, was der ›neue‹ Malte hier mit den Bildern von Rose Ausländer zum Ausdruck bringen möchte!

»Gut heißt ja nicht perfekt, sondern ganz in Ordnung so, wie es ist. Ein bisschen wackelig wie ein Tanz auf einem Seil, das über die Arena der Erde führt, und manchmal fällt man beim Drüberbalancieren eben auch hin und schlägt sich die Knie auf. Aber wenn man dann wieder aufsteht, steht man vielleicht mitten auf einem Mohnfeld und von irgendwo wirft einem jemand einen Traumball zu.« (S. 219)

____

____

____

____

____

»Stromschlag. Herzklopfen.«

Malte verabschiedet Josefine und sieht Lale wieder …

1. Erkläre Christian, warum er selbst schuld an Josefines Erinnerungsmethode ist. Schreibe ihm aus Maltes, Josefines oder deiner eigenen Perspektive eine Nachricht.

Was hältst du von Josefines Art, sich zu erinnern? Wie erinnerst du dich an wichtige Menschen?

2. a) Wie ließe sich das Gespräch von Malte und Lale filmisch umsetzen? Bildet Viererteams und notiert eure Vorüberlegungen mithilfe der Leitfragen.

Kamera:

- Aus welcher Perspektive soll die Szene gefilmt werden (von oben, unten, links, rechts, frontal)? ______
- Mit welcher Einstellungsgröße soll die Szene gefilmt werden (fern/klein, nah/groß)? ______
- An welchen Stellen sollten die Perspektive und/oder Entfernung durch Kamerabewegung und/oder Zoom verändert werden? ______

Ton:

- Was soll außer den Dialogen der Figuren noch zu hören sein? ______
- Welche Funktion soll der Ton erfüllen (Authentizitätssteigerung, Untermalung, Spannungsaufbau, Kontrastierung ...)? ______
- Wie soll der Ton erzeugt und mit dem Bild verbunden werden? ______

Requisiten / Effekte:

- Was braucht ihr, um den Schauplatz des Zugabteils zu simulieren? ______
- Was ist darüber hinaus nötig, um die Interaktion von Malte und Lale zu inszenieren? ______
- Wie lässt sich das Innenleben von Malte (z. B. »Herzklopfen. Stromschlag.«) filmisch darstellen? ______

b) Setzt eure Ideen mit einem Smartphone um.

Wie das geht, erfahrt ihr unter:
https://www.br.de/sogehtmedien/selber-machen/video-tutorial/index.html.

c) Präsentiert eure Filme und gebt euch gegenseitig Feedback mithilfe der Fünf-Finger-Methode.

Wie könnte die Geschichte weitergehen? Erzähle im Medium deiner Wahl von der Matheolympiade oder den Sommerferien der Patchworkfamilie.

Lösungsvorschläge

2. a) Acht: Perfektion, Spiegelung an zwei Symmetrieachsen, keine Häkchen und Schwänzchen, Links- und Rechtskurven, Richtungswechsel genau in der Mitte
Null: keine Häkchen und Schwänzchen, nicht positiv und nicht negativ, fügt beim Addieren nichts hinzu, macht beim Malnehmen jede Zahl zu Null, Teilung durch Null nicht möglich

1. x-fach gepierctes Gesicht, Mörderblick, schwarzer Hoodie, schlürft Glibber aus dem Inneren einer Tomate
2. macht mich wahnsinnig; regt mich auf
3. dass er nicht gefragt wurde;
wie Josefine am Abendbrottisch sitzt;
wie Papa sich ihre Mörderblicke gefallen lässt;
wie Papa Sachen erzählt, die keinen interessieren;
dass die Eltern tun, als wäre alles normal, obwohl es das nicht ist;
dass der Vater das Wort »nochmal« unbedacht ausspricht;
wie Josefine eine Tomate isst

1. a) Kannst ja mal drüber nachdenken = Gemeinsamkeiten einer »Bitch« mit Maltes Mutter;
Bitch = Josefines Bezeichnung von Maltes Mutter;
Mimimi = Josefines Reaktion auf Maltes Beschwerde, sich nicht konzentrieren zu können;
Lale = verwirrende Begegnung im Matheclub;
Kolja = Interesse an Josefine überlagert Freundschaft mit Malte.
2. Relikt aus der Kindheit; Einschlafhilfe; Ablenkung; Routine; Katalysator für negative Emotionen; Erinnerung an Kleinkindleben; ›Erbe‹ der Mutter; Leichtigkeit; Diskrepanz zur aktuellen Situation; Peinlichkeit; Babykram

1. a) fehlende Vorstellungskraft, fantasielos, faktenbezogen, rational, realistisch
4. a) früheres Ereignis: Erkenntnis, dass es nicht nur natürliche Zahlen gibt
aktuelles Ereignis: Erkenntnis, dass Josefine das Familienleben für immer verändert hat

1. a) Gemeinsames Zocken und damit verbundene Gespräche, Einbindung von Malte in die Gruppe
2. a) Erinnerungen an Radtouren mit seinen Eltern, Eisessen und Seilbahnfahren im Waldcafé, Flügelpferd, Vorstellung einer Begegnung mit Lale, Situation zu Hause, Josefines zwei Gesichter, Möglichkeit zu verschwinden, Hänsel und Gretel
b) Auf dem Fahrrad fühlt Malte sich selber wie auf einem Flügelpferd, die Landschaft kommt ihm ein bisschen wie ein Traumland vor. Malte fühlt sich im Wald aufgehoben und sicher.
4. Malte erfährt, dass sein Vater Josefines Mutter für seine eigene Mutter verlassen hat und seine Eltern ihn angelogen haben.

1. Lüge der Eltern, Anspruch des Vaters, Josefines Gedichte und Gefühle

2. unordentliches Zimmer, ungesundes Essen, amüsierte Reaktion auf Josefines Erzählungen, unverblümte Erzählungen vom Reha-Aufenthalt, Begegnung auf Augenhöhe

1. Lösungswort: MATHEOLYMPIADE

1. Herr Zerhusen: Telefonat mit Mutter und Malte und Unterstützungsangebot;
Vater: Erinnerung an Maltes großen Traum und Überredungsversuche;
Kolja: gemeinsames Lösen von Matheaufgaben

2. a) Vorstellung gemeinsamer Unternehmungen mit Lale;
Treffen mit Kolja, die sich nicht nur um Mathe drehen;
Unternehmungen mit Mats und Philipp;
Beziehung zwischen Vater und beiden Kindern; eine Schwester zu haben;
Patchworkkontakte

1. a) Christian hat Josefine ihre ersten Ohrstecker geschenkt.